能源与电力分析年度报告系列

2020

国内外能源与电力价格分析报告

国网能源研究院有限公司 编著

中国电力出版社
CHINA ELECTRIC POWER PRESS

内 容 提 要

《国内外能源与电力价格分析报告》是"能源与电力分析年度报告系列"之一，主要对近五年的国际电力、煤炭、石油、天然气等能源价格进行分析，为制定我国能源价格政策、分析能源价格与经济发展的内在联系及制定我国能源长期发展战略提供重要参考。

本报告对近五年国内外电力、煤炭、石油、天然气等能源价格水平及变动趋势进行了对比和分析，对我国 2020 年和 2021 年能源价格趋势进行了展望，并围绕输配电成本对标、零售电价套餐和分时电价定价等热点问题进行了专题研究分析。

本报告可供能源和电力行业从业人员、相关企业价格工作人员、国家相关政策制定者及科研工作人员参考使用。

图书在版编目（CIP）数据

国内外能源与电力价格分析报告.2020/国网能源研究院有限公司编著.—北京：中国电力出版社，2020.11

（能源与电力分析年度报告系列）

ISBN 978 - 7 - 5198 - 5151 - 4

Ⅰ.①国…　Ⅱ.①国…　Ⅲ.①能源价格－研究报告－世界－2020　②电价－研究报告－世界－2020

Ⅳ.①F407.205　②F407.615

中国版本图书馆 CIP 数据核字（2020）第 221727 号

出版发行：中国电力出版社
地　　址：北京市东城区北京站西街 19 号（邮政编码 100005）
网　　址：http：//www.cepp.sgcc.com.cn
责任编辑：刘汝青（010-63412382）　娄雪芳
责任校对：黄　蓓　马　宁
装帧设计：赵姗姗
责任印制：吴　迪

印　　刷：北京瑞禾彩色印刷有限公司
版　　次：2020 年 11 月第一版
印　　次：2020 年 11 月北京第一次印刷
开　　本：787 毫米×1092 毫米　16 开本
印　　张：11.75
字　　数：160 千字
印　　数：0001—2000 册
定　　价：88.00 元

前　言
PREFACE

近年来，伴随着能源结构的加速调整，全球能源格局正发生着重大变化，我国能源市场化改革取得明显进展。2019 年数据显示，受世界经济增长放缓影响，世界能源需求增速放缓，一次能源价格整体呈下降趋势，全球能源市场处于持续转型期，清洁、低碳成为能源发展的重要趋势。及时梳理、总结国内外石油、天然气、煤炭等一次能源价格和电力价格运行规律及变化趋势，加强相关比较研究，剖析改革热点问题，不仅可为制定我国能源价格政策提供重要参考，还有助于正确认识能源价格与经济发展之间的内在联系，服务于我国能源战略的落地实施。

《国内外能源与电力价格分析报告》是国网能源研究院有限公司推出的"能源与电力分析年度报告系列"之一，在该系列中重点关注能源电力价格情况，与其他年度报告相辅相成、互为补充。本报告立足世界能源价格走势及政策变化，以全球视野研究中国能源电力价格。本报告采用国内外能源相关统计机构发布的最新数据，主要数据来自国际能源署（IEA）的《能源价格与税收季报》、英国石油公司（BP 公司）的《BP 世界能源统计年鉴》、美国能源信息署（EIA）、欧盟统计局（Eurostat）、中国国家发展和改革委员会、中国国家能源局等。

本报告共分为 5 章。第 1 章对原油期货、现货价格和离岸、到岸价格，成品油（汽油、柴油）价格水平及变动趋势进行了分析；第 2 章对北美地区、亚太地区、欧洲天然气市场价格，国际工业、居民用天然气价格和液化天然气进口价格水平及变动趋势进行了分析；第 3 章对中国、亚太地区、大西洋地区煤炭市场价格，国际动力煤及发电用煤价格进行了分析；第4章对国内外上网电价、输配电价、销售电价水平和变动趋势，以及居民用电与工业用电比价、输配电价与销售电价比价关系进行了分析；第5章对输配电成本对标、零售电价套餐和分时电价政策等进行了专题分析研究。

本报告在持续关注国际电力、石油、天然气与煤炭价格水平及变动趋势的基础上，以提供具有公信力的能源及电力价格数据和科学客观的分析为目标，力求内容系统实用，并做了以下调整：一是加大了国内外主要国家、地区能源与电力价格分析部分比重，为读者提供更加翔实的信息资料；二是结合我国能源尤其是电力工业发展情况，对国外电力工业发展及市场改革过程中的关键问题进行了专题分析。

本报告第1章由刘思佳主笔，第2章由王椿璞主笔，第3章由李红军主笔，第4章由周树鹏主笔，第5章由赵茜、高效、周树鹏主笔，全书由周树鹏统稿、许钊校核。

在本报告的编写过程中，得到了能源、价格领域多位专家的悉心指导，在此表示衷心感谢！

限于作者水平，虽然对书稿进行了反复研究推敲，但难免仍会存在疏漏与不足之处，恳请读者谅解并批评指正！

编著者

2020 年 10 月

目　录
CONTENTS

概　　述

2019 年❶，世界经济增长持续放缓且复苏乏力，能源需求增速放缓，一次能源消费量增长率仅为 1.3%，中国为世界一次能源消费增长的主要贡献者。受世界经济增长影响，石油、天然气、煤炭等价格总体呈下降趋势。石油方面，美国石油产量继续维持高速增长，国际原油价格在 2018 年达到近五年高点后明显下降。天然气方面，全球产量及消费量增长放缓，增速由 2018 年的超过5%降至 2019 年的 3%左右，但世界天然气消费占一次能源消费比重稳步提升。煤炭方面，2019 年世界煤炭消费量小幅下降，中国煤炭消费量占世界煤炭总消费量超过一半，且我国煤炭消费增速由 2018 年 0.7%进一步提升至 2019 年的2.3%。电力方面，世界电力消费增速放缓，增速由 2018 年的约 4%降至 2019年的约 1%，中国电力消费增速放缓，大多数国家上网电价下降，一次能源价格、电网投资仍为影响电力价格的主要因素。

近年来，我国能源消费持续增长，市场化程度较高的煤炭、原油价格基本与国际价格接轨，天然气和电力市场化改革稳步推进。2019 年，我国汽油和柴油价格在国际上均处于较低水平；工业天然气价格在国际上处于较高水平，民用天然气价格处于中等水平；电煤价格在国际上处于较高水平；上网电价在国际上处于中等水平，输配电价和销售电价总体处于较低水平，工业电价处于中等水平，居民电价处于较低水平，工业电价补贴居民和农业用电价格的程度较重。报告的主要结论和观点如下：

（一）石油价格

国际原油价格在 2016 年触底反弹后，在 2019 年又出现明显下降。WTI 和Brent 原油期货价格在 2015—2019 年的年均增长率分别为 4.0%和 5.2%，2018年分别同比增长 27.6%和 32.2%；2019 年分别同比下跌 12.1%和 10.5%。**2019 年国际油价一季度持续上行，并在 4 月出现年度油价最高点，二季度小幅**

---

❶ 本报告基于可获得的参考资料，将大部分数据更新到 2019 年，仅少部分数据更新到 2018 年，为保证数据的时效性，本报告就数据更新的年限不作统一。

下跌后略有反弹，三季度保持区间震荡波动，四季度油价小幅波动上行。2019年，虽然OPEC＋达成减产协议，但以美国为主的新兴石油输出国不断提高产量，使得供大于求的局面伴随全年。此外，受贸易摩擦和地缘政治紧张局势影响，油价随同波动。**2019年1—4月，供应减少主导油价上行**。Brent原油期货价格从2019年1月2日的54.9美元/桶持续上涨至4月24日的74.57美元/桶，创年内价格顶点，涨幅35.8％。**5—6月，石油需求增长乏力，油价开始持续走低**。2季度，全球经济增速乏力抑制了对原油的需求，叠加中美贸易磋商阶段性破裂，石油需求走弱。**7—9月，油价区间震荡波动**。OPEC＋减产协议充分执行和中美贸易谈判局势急转直下所引发全球经济恶化的担忧交替影响了油价波动。**10—12月，市场预期乐观，油价温和上升**。随着中美贸易磋商持续进行，使市场产生需求改善预期，经济向好的乐观情绪逐渐升温，12月5—6日举行JMMC会议，OPEC＋达成进一步深化减产协定，拉动油价温和上行。

2019年，我国石油消费量占世界总消费量比例首次超过14％，原油国际依存度进一步提高，汽油和柴油含税价格在国际上均处于较低水平。2019年，我国汽油不含税价格（**0.70**美元/L）和含税价格（**1.06**美元/L）分别在所列的34个国家中排在第7位和倒数第3位；柴油不含税价格（**0.63**美元/L）和含税价格（**0.93**美元/L）分别在所列的34个国家中均排在倒数第5位和倒数第3位；成品油税费比例（汽油，33.8％；柴油，31.7％）低于大部分国家。我国2018—2019年先后进行了47次调整，2019年汽油和柴油出厂价分别为下降了4.7％和1.9％，基本与国际成品油价格水平同步。

（二）天然气价格

2019年，国际天然气市场价格呈现较为明显的下跌趋势，但区域差异较大。分区域来看，北美市场，以美国天然气进口价格为例，2019年美国天然气进口价格呈现出较强的季节性波动特征。高峰期均价为3.60美元/mcf，低谷期为1.74美元/mcf，峰谷价格比达到2.07。欧洲市场，以俄罗斯天然气出口价格为例，2019年天然气价格下跌明显，由年初的243.50美元/（$10^3 m^3$）下降到年末的 185.90 美元/（$10^3\,\text{m}^3$），降幅达到 23.70％，月均增速为－2.40％。亚洲市场，以日本天然气进口价格为例，受到经济增长减缓影响，2019 年日本进口 LNG 价格呈单边下跌走势，由年初的 12.01 美元/MMBtu 上涨到年末的 10.06 美元/MMBtu，降幅达到 16.23％，月均增长率－1.60％。

2019 年，分用气类型来看，在可获得数据的国家中，工业用天然气价格变化趋势地区间差异较大。受供给量增大和经济疲软导致的需求减少影响，北美天然气市场工业用天然气价格持续波动。欧洲国家工业用天然气价格涨跌互现，大部分国家工业用气价格不同程度下降，土耳其受本国货币贬值影响，工业天然气价格涨幅超过 40％。南美国家中，巴西同样受货币贬值"困扰"，天然气价格涨幅较大。亚太地区天然气"亚洲溢价"现象依然存在。2019 年中国工业天然气价格呈现止跌回升的势头，结束了连续多年的下跌趋势，同比增长 5.8％。**2019 年，大部分国家（地区）居民用天然气价格呈现先降后升的趋势。**欧洲地区的土耳其、荷兰、乌克兰、西班牙等国价格回升较快。北美地区居民用气价格整体较低，但也有小幅回升。亚太地区价格也呈现上涨态势。中国居民用天然气价格 2019 年涨幅较大，同比增长 9.3％。

2019 年，中国工业天然气价格在世界上仍处于较高水平，民用天然气价格已经由较低水平上涨到中等偏低水平。中国工业用天然气含税价格在所列 17 个国家中排在第 4 位，居民用天然气含税和不含税价格在所列 23 个国家中均排在第 14 位。**中国工业用气价格与居民用气价格差距有所缩小，天然气价格"交叉补贴"问题有望得到逐步解决。**2015－2019 年，中国工业用气价格呈现止跌回升势头，年均增长率－0.8％；居民用气价格持续上涨，年均增长率为 6.7％。

2020－2021 年，预计全球天然气价格仍将维持下降趋势。受全球经济增长放缓和新冠肺炎疫情持续扩散影响，天然气消费增长有限，而供给相对过剩，天然气价格将在未来一段时间持续承压。北美地区价格继续低位波动，亚太地区和欧洲地区市场联动性增强，预计价格将出现不同程度下跌。从中国市场来看，虽然全球天然气价格持续下降，但疫情后中国经济有望快速复苏，需求增长较为稳定，工业用天然气价格预计持续反弹；同时居民用天然气价格预计也将小幅上涨，未来工业用和居民用天然气价差距将持续缩小。

（三）煤炭价格

2019 年，国内外煤炭市场价格整体呈现上行回落后震荡下跌的走势。国际煤炭市场价格，亚太地区主要受中国进口煤需求变化、港口电厂库存波动、中美贸易摩擦、汇率波动等因素影响，表现出前期持续下跌，后期波动下行走势，澳大利亚纽卡斯尔港动力煤现货价格全年降低 32.5 美元/t 左右；大西洋地区主要受印度煤炭市场需求变化、欧洲市场库存波动、天然气价格波动、部分港口和铁路运力受限，以及亚太市场价格传导等因素影响，南非理查德港动力煤现货价格和欧洲三港动力煤现货价格均整体下行，形成前期一致下跌，后期震荡分化走势，全年分别下降 8.5 美元/t 和 27.7 美元/t；国内煤炭市场价格，受季节性气候变化、长协煤合同价格机制落实、产地环保安监、中美贸易摩擦、汇率走势变化等影响，表现为上行回落后持续震荡下跌，全国市场交易煤价格全年下降 39.5 元/t，全国电煤价格指数全年下降 33.4 元/t。

2019 年，我国进口煤炭 29 967 万 t，平均价格为 78.1 美元/t，同比下降 9.5％。我国环渤海煤炭价格除 1 月外，均高于澳大利亚纽卡斯尔港动力煤现货价格，1 月价格倒挂达 19.7 元/t。

2020—2021 年，我国煤炭市场将维持总体偏松格局，煤炭价格可保持在合理区间运行。2020 年上半年，受新冠肺炎疫情扰动，煤炭供需松紧格局转换等影响，煤炭价格呈现深"V"走势。下半年，综合考虑国际外部环境、中长期合同制度落实，"基准价＋浮动价"指数定价机制的实施，以及国内优质产能释放等因素，预计 2020—2021 年，热值 5500kcal 的动力煤价格可稳定在 520～580 元/t 区间，随季节性变化对供需形势的影响，淡旺季或将形成小幅震荡波动。

（四）电力价格

我国上网电价高于部分欧洲国家，低于韩国、澳大利亚、美国等国家。

2019 年，我国上网电价平均水平为 0.053 美元/（kW·h），与部分国家或地区（北欧、美国、澳大利亚、韩国）的上网电价（或批发电价）[0.042～0.082 美元/（kW·h）] 相比较，处于中等水平。中国、韩国、澳大利亚、美国、德国主要依靠化石燃料发电，但由于德国可再生能源发展迅速，同时德国电力市场引入了负电价机制，其上网电价水平较低。在部分可再生能源发展迅速、占比大的国家，其电力市场批发价格相对较低。2019 年，我国上网电价下降 1.7%；美国、欧洲国家等受燃料价格尤其是天然气价格下降影响，上网电价下降，降幅超过 5%。

我国输配电价低于欧美国家。 2019 年，我国的输配电价 [0.028 美元/（kW·h）]，低于罗马尼亚、爱尔兰等欧美国家 [0.028～0.058 美元/（kW·h）]。输配电价占销售电价比重，我国为 32.0%，在可获得数据的 18 个国家（11.2%～40.8%）中位于中等水平。2016 年之前，我国输配电价上涨，2017 年，由于我国基本完成输配电价改革，输配电价下降，2018 年，为降低一般工商业电价，我国针对输配电环节采取了临时性降低输配电价和降低电力行业增值税措施，输配电价进一步降低。2019 年，为落实政府工作报告中"降低制造业用电成本，一般工商业平均电价再降低 10%"要求，我国又出台了降低增值税税率和降低电网企业固定资产平均折旧率两项措施。欧洲大部分国家为支撑大范围电力交易和资源优化配置，加快建设跨国电网以及国内电网，造成输配电价上涨。由于电网改造和建设投资的增加，美国近十年来输配电价及其在总费用中的占比稳步提高。

我国销售电价水平在国际上仍处于较低水平。 2019 年，美国、中国、新西兰、韩国、南非等国家的各类用户平均销售电价比较，中国 [0.088 美元/（kW·h）] 较低，仅高于南非。可获得数据的国家（地区）工业电价水平为 0.051～0.185 美元/（kW·h），其中税费占比为 1.0%～50.7%，居民电价为 0.077～0.334 美元/（kW·h），其中税费占比为 4.6%～58.9%，中国的工业、居民电价分别为 0.089、0.077 美元/（kW·h），其中工业电价处于中等水平，居民电价在 31 个国家中仅高于墨西哥，税费占比也处于中下等水平。2015—2019 年，**我国销售电价小幅下降**。29 个国家工业电价年均增长率为−4.6%～18.5%，中国为−2.7%；31 个国家居民电价年均增长率为−4.0%～11.0%，中国为−0.7%。

我国居民与工业电价比价低于发达国家。2019 年，德国、美国、英国、法国等 29 个国家（地区）的居民电价与工业电价比价平均约 1.87，其中我国为0.87，表明我国工业用户对居民用户的交叉补贴程度较重。考虑到我国的居民用电量增加、工商业用户价格下降因素影响，交叉补贴来源将越来越少。

2020—2021 年，预计我国销售电价将有一定幅度的下降。我国电力供过于求的情况短期内不会改变，疫情因素又进一步增加了电力消费增长的不确定性，随着连续工商业电价降价及第二轮电网成本监审的完成，在降低用能成本的大背景下，我国平均销售电价将继续下降。

（五）专题研究

（1）输配电成本对标国际经验及启示。在成本加收益的输配电价管制方式下，电网成本对标管理是输配电价实行激励性监管和电网企业提质增效需要，通过对国际上典型国家的成本对标经验进行分析，可为我国实行输配电成本对标提供借鉴。主要启示如下：一是应明确我国输配电成本对标所处的阶段和预期用途，目前我国输配电成本对标处于信息工具阶段，需要加强数据质量和可比性研究，夯实对标基础。二是在采集数据时，应谨慎行事，以确保数据集包含了最全面的信息，对数据进行深入审查，以确保数据的一致性、可比性和质量。三是电网成本核定对标方法较多，但各类方法有相应的适应条件和运行前提，更为重要的是选取方法需与中国实际情况相结合。

（2）国外零售电价套餐经验及启示。随着我国新一轮电力改革的不断深入，要想在激烈的竞争中生存并发展壮大，售电公司需要进一步采取差异化的产品和定价策略，通过梳理美国、英国、日本、澳大利亚等国家电价套餐制定的经验，可为我国电价套餐制定提供借鉴。主要启示如下：一是应逐步放开售电市场用户选择权，充分体现用户消费意愿，提升市场效率。二是应满足用户差异化需求，增强用户导向，探索建立零售电价套餐体系。三是应组合电价套餐维度，确定合理电价费率，在实践中优化电价套餐体系。四是应提供多样化增值服务，增强售电公司市场竞争力。

（3）国外分时电价政策及启示。分时电价政策在国内外普遍实施，可通过在不同时段制定峰谷价格以影响用户用电行为。通过梳理美国加州、英国和澳大利亚现行分时电价情况并重点介绍加州分时电价时段划分方法，为我国分时电价制定提供借鉴。主要启示如下：一是分时电价政策要及时调整，应与经济社会发展和电力消费变化相协调。从目前来看，我国大部分省份很长时间未调整过分时电价，时段划分已经与实际用电情况不符，不能起到改变用户用电行为的作用，也不能起到促进可再生能源消纳的作用。二是为促进可再生能源消纳，时段的划分应以净负荷曲线为依据。以系统净负荷曲线为依据，即以火电机组承担的负荷为依据作为时段划分的基础，将净负荷较高时段设定为高峰时段，净负荷较低时段设定为低谷时段，有利于使传统火电机组出力更加平稳，也有利于可再生能源的消纳。

1

石油价格分析

1.1 石油的生产与消费

1.1.1 世界及主要国家石油生产和消费

2019 年，世界石油总生产量和消费量❶分别为 95 192 千桶/天和 98 272 千桶/天，同比增长分别为 -0.1% 和 0.9%。由于以美国为首的非欧佩克产量的强劲增加被石油输出国组织产量的大幅下降所抵消，2019 年的石油产量出现了小幅下降。欧佩克的产量下降了 200 万桶/天，是该组织自 2009 年以来最大的降幅。石油生产量占世界总生产量比例最高的是美国，受页岩油产量增加影响，美国石油产量连续第三年实现了大幅增长，2019 年产量较 2018 年增长约 11%，较 2018 年 17% 的增长率有一定降低；中国石油产量在连续三年减产后首次小幅增长约 1%，占比约为 4.0%，位居世界第七；委内瑞拉和伊朗受美国制裁及经济困难的影响，石油产量发生大幅下降，较 2018 年分别减少 37.7% 和 26.4%。石油消费量占世界总消费量比例最高依然是美国，但其占比首次低于 20%；中国继续位居世界第二，占比首次超过 14%，具体见图 1-1 和图 1-2。

2015—2019 年，世界石油总生产量和消费量呈上升态势，年均增长率分别为 0.9% 和 1.5%。2015—2019 年，中国石油产量年均增长 -2.9%，其中 2015 年产量是近五年最高点，此后产量总体呈下降趋势；石油消费量年均增长 4.2%，增速处于世界较高水平。

1.1.2 世界及主要国家石油贸易

2019 年，世界石油贸易量为 70 925 千桶/天，同比增长 -0.3%，为

---

❶ 注：这些世界消费量数字与世界生产统计量之间的差异是由库存变化、非石油添加剂和代用燃料的消费量以及石油供求数据的定义，计量或转换中不可避免的差异造成的。

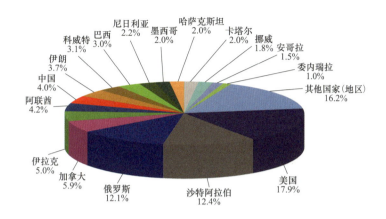

图 1-1　2019 年主要产油国家石油生产量占世界总生产量的比例

资料来源：《BP 世界能源统计年鉴 2020》。

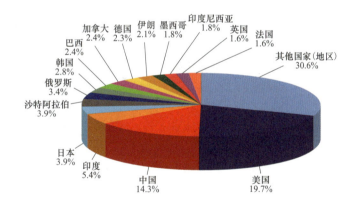

图 1-2　2019 年主要国家石油消费量占世界总消费量的比例

资料来源：《BP 世界能源统计年鉴 2020》。

2009 年以来首次下降。**石油进口量方面，中国 2019 年同比增长 7.3%，为进口量占比最高的国家，**占比为 16.7%；美国石油进口同比增长率大幅下降到 -8.5%，进口量占比依然为位居世界第二。石油出口量占比最高的地区是中东，为 33.0%，其中沙特阿拉伯占比 11.8%；俄罗斯出口量占比为 13.0%，已成为石油出口量占比最高的国家；美国石油出口量继续高速增长，增速为 13.6%，其出口量已位居世界第三，占比为 11.3%，具体见

11

图 1-3、图 1-4。

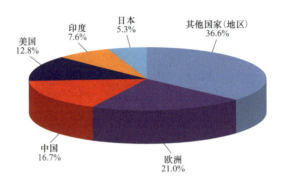

图 1-3　2019 年主要国家（地区）石油进口量占世界总进口量的比例

资料来源：《BP 世界能源统计年鉴 2020》。

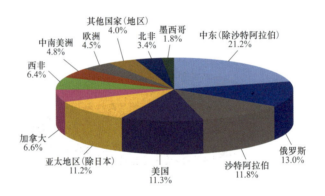

图 1-4　2019 年主要国家（地区）石油出口量占世界总出口量的比例

资料来源：《BP 世界能源统计年鉴 2020》。

2015—2019 年，世界石油贸易量总体上呈现上升态势，年均增长 3.2%。世界上大部分国家（地区）的石油进口量和出口量均呈上升趋势。中国石油进口量 2015—2019 年间年均增长率为 9.1%，增长速度较快；日本石油进口量在 2015—2019 年间呈现逐年下降趋势，年均增长率为-3.4%；美国石油进口量在 2017 年达到峰值后开始逐年下降，在 2015—2019 年的年均增长率为-1.0%。美国石油出口量 2015—2019 年间年均增长率为 15.4%，增长率最高。

2015—2019 年世界主要石油进口国中，石油对外依存度美国逐年下降，2019 年已低至 12.1%；中国逐年上升，2019 年高达 72.7%，对外依存度提高使得我国油价与国际油价关系更为密切，能源安全风险较高。

1.2　原油价格分析

1.2.1　原油期货价格

在世界原油交易体系中，纽约商业交易所（NYMEX）的西得克萨斯中质原油（WTI）期货价格和伦敦国际石油交易所（IPE）的布伦特原油（Brent）期货价格分别代表北美和欧洲两个不同石油市场的基准价格。2015—2019 年原油期货价格及变化趋势如图 1-5 所示。

图 1-5　2015—2019 年原油期货价格变化趋势

资料来源：WTI 来源 https：//www.eia.gov/，Brent 来源 Wind 数据库。

原油期货价格在 2016 年价格触底反弹后 2019 年又出现明显下降，五年间 WTI 和 Brent 原油期货价格年均增长率分别为 4.0% 和 5.2%。在 2015 年价格大幅下降后，2016 年价格降幅明显缩小；随后 2017、2018 年价格上升明显，其中 2018 年分别同比增长 27.6％和 32.2％；2019 年 WTI 和 Brent 期货均价分别同比下跌 12.1％和 10.5％。

2019 年全球经济发展低迷，增速放缓，不确定性增大，石油需求增长乏力，原油期货均价同比明显下降。 虽然 OPEC＋（即 OPEC 原有的组织成员国与非 OPEC 产油成员）达成减产协议，但以美国为主的新兴石油输出国不断提高产量，使得供大于求的局面伴随 2019 年全年。此外，受贸易摩擦和地缘政治紧张局势影响，油价随同波动。在这样整体环境下，国际油价一季度持续上行，并在 4 月出现年度油价最高点，二季度小幅下跌后略有反弹，三季度保持区间震荡波动，四季度全球经济的乐观情绪逐渐升温，OPEC＋宣布进一步深化减产，油价小幅波动上行。具体如图 1-6 所示。

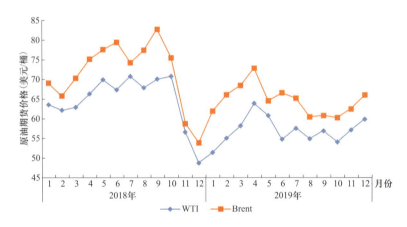

图 1-6　2018 年 1 月－2019 年 12 月原油期货价格变化趋势

2019 年 1－4 月，供应减少主导油价上行。 由于减产协定的良好执行以及地缘政治带来的供应中断担忧缩小了供需差异，金融市场的复苏带动国际油价稳步上涨，并在 4 月达到全年油价峰值。OPEC 国家和俄罗斯等非 OPEC 国家组成的减产联盟，决定重新开始减产。在沙特阿拉伯等国家的带领下，该协议得到了有效执行，1－4 月减产联盟减产执行率高达 137％。此外，受美国制裁影响，委内瑞拉和伊朗的石油产量大幅缩减。Brent原油期货价格从2019年1月2日的54.9美元/桶持续上涨至4月24日的74.57美元/桶，创年内价格顶点，涨幅35.8%。

5—6月，石油需求增长乏力，油价开始持续走低。全球经济增速乏力抑制了对原油的需求。2季度，中美贸易磋商阶段性破裂，石油需求走弱，IEA在其2月、5月、6月的报告中分3次下调了2019年石油需求增长预期，分别调减10万、20万、10万桶/日。受此影响，在减产联盟减产执行率保持高位的情况下，OECD库存数据逐月上涨。尽管5月由于管道污染，俄罗斯停止了部分石油出口，美国对伊朗的制裁也影响了其产量，暂时支撑了油价，帮助平衡了市场，但未能有效制止油价的下跌态势。

7—9月，油价波动较上半年趋于平缓。7月OPEC＋在维也纳总部召开了第15届联合部长级监督委员会（Joint Ministerial Monitoring Committee，JM-MC）会议和第176届全体会议，决定将减产令延期至2020年3月31日，OPEC＋减产执行率达122%，供需得到调整，再加上美元走弱，宏观层面利好支撑国际油价反弹，油价迎来下半年峰值。8月初，中美贸易谈判局势急转直下，引发全球经济恶化的担忧，金融市场避险情绪升温，油价骤跌后进入横盘震荡。9月中旬，沙特阿拉伯的两处重要石油设施遭遇无人机袭击，短时间造成沙特阿拉伯产能受到冲击，国际油价暴涨，创下了近30年来最大单交易日百分比涨幅。随后由于沙特阿拉伯对设施快速修复，遇袭事件的冲击快速消弭，油价跌回遇袭前水平。

10—12月，市场预期乐观，油价温和上升。随着中美贸易磋商持续进行，使市场产生需求改善预期，经济向好的乐观情绪逐渐升温，12月5—6日举行JMMC会议，OPEC＋达成进一步深化减产协定，拉动油价温和上行。

1.2.2　国际原油现货价格

2015—2019年国际原油现货价格及变化趋势如表1-1和图1-7所示。

表 1-1 　　　　　　　　 **2015－2019 年国际原油现货价格** 　　　　　　 美元/桶

国际原油	2015 年	2016 年	2017 年	2018 年	2019 年	年均增长率（%）	2019 年同比增长（%）
迪拜原油	51.20	41.19	53.13	69.51	63.43	5.5	−8.7
布伦特原油	52.39	43.73	54.19	71.31	64.21	5.2	−10.0
尼日利亚福卡多斯原油	54.41	44.54	54.31	72.47	64.95	4.5	−10.4
西得克萨斯中质原油	48.71	43.34	50.79	65.20	57.03	4.0	−12.5

资料来源：《BP 世界能源统计年鉴 2020》。

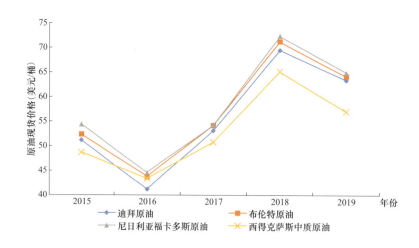

图 1-7　2015－2019 年原油现货价格变化趋势

国际原油现货价格自 2015 年大幅度下降后在 2016 年下降幅度减缓；2017、2018 年价格回升，其中 2018 年同比增长 28.4%～33.4%；2019 年价格下降，同比降低 −12.5%～−8.7%。

1.2.3　国际原油离岸价格

2019 年国际原油现货离岸价格（FOB）最高的国家是尼日利亚，最低的是委内瑞拉，部分国家（地区）原油现货离岸价格见表 1-2。

表 1-2　　2015—2019 年部分国家（地区）原油现货离岸价格（FOB）　美元/桶

国家（地区）		2015 年	2016 年	2017 年	2018 年	2019 年	年均增长率（%）
地区	平均	41.91	36.37	45.58	56.31	54.27	6.7
	波斯湾	46.95	38.76	50.16	66.55	61.43	7.0
	OPEC 国家	43.25	38.51	49.55	65.61	62.11	9.5
	非 OPEC 国家	41.19	34.81	43.30	51.41	52.36	6.2
国家	尼日利亚	w	46.20	54.77	71.41	67.21	—
	安哥拉	w	42.68	w	74.44	66.97	—
	沙特阿拉伯	47.53	39.30	51.30	68.23	63.48	7.5
	墨西哥	44.90	36.22	46.66	62.75	56.72	6.0
	哥伦比亚	47.52	35.28	48.34	62.51	60.61	6.3
	委内瑞拉	40.73	34.71	45.6	61.25	48.57	4.5

资料来源：https://www.eia.gov/，EIA。

注　w 表示为了避免个别公司数据披露而隐瞒。

2015—2019 年国际原油现货离岸价年均增长率为 6.7%，OPEC 国家和非 OPEC 国家年均增长率分别为 9.5% 和 6.2%。2015—2016 年国际原油现货离岸价格下跌；2017 年开始回升，2018 年增长率为 23.5%；2019 年国际原油现货离岸价总体同比下降约 3.6%，但非 OPEC 国家同比增长约 1.8%，如图 1-8 所示。

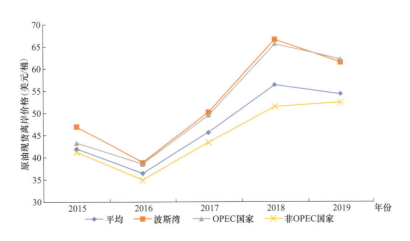

图 1-8　2015—2019 年原油现货离岸价格变化趋势

1.2.4 原油到岸价格

2019 年，各国原油进口到岸平均价格为 64.60 美元/桶，中国原油进口到岸价格略高于各国原油进口到岸平均价格。2019 年部分国家原油进口到岸价格（CIF）及比较见表 1-3。

表 1-3 　　　　2019 年部分国家原油进口到岸（CIF）价格 　　　　美元/桶

国　家	2019 年	国　家	2019 年
澳大利亚	70.21	奥地利	64.52
新西兰	69.27	德国	64.43
日本	66.78	荷兰	63.96
英国	65.58	比利时	63.78
韩国	65.42	加拿大	63.12
中国	65.19	西班牙	62.84
法国	64.98	希腊	62.24
瑞典	64.80	美国	56.33
意大利	64.70	平均	64.60

资料来源：1. 国外：《Energy Prices and Taxes，2nd Quarter 2020》，IEA。
　　　　　2. 中国：中国海关统计数据在线查询平台。
注　中国数据根据进口量和进口额计算。

2015—2019 年，部分国家原油进口到岸价格及变化趋势分别如表 1-4 和图 1-9 所示。2019 年原油进口到岸价格同比增长率在 -9.5%～-0.7% 之间。

表 1-4 　　　　2015—2019 年部分国家原油进口到岸（CIF）价格 　　　　本币元/桶

国家	2015 年	2016 年	2017 年	2018 年	2019 年	年均增长率（%）	2019 年同比增长（%）
英国	35.25	33.02	42.53	54.49	51.35	9.9	-5.8
瑞典	431.48	362.86	462.15	621.46	612.88	9.2	-1.4
中国	339.63	273.37	353.17	469.07	450.31	7.3	-4.0
澳大利亚	77.06	63.04	74.85	101.73	101.03	7.0	-0.7
韩国	60 251.60	47 601.00	60 384.40	78 755.86	76 246.94	6.1	-3.2

续表

国家	2015 年	2016 年	2017 年	2018 年	2019 年	年均增长率（%）	2019 年同比增长（%）
新西兰	83.16	64.54	79.13	109.36	105.15	6.0	−3.8
西班牙	44.66	36.15	45.87	58.46	56.12	5.9	−4.0
希腊	44.49	36.15	45.07	57.71	55.58	5.7	−3.7
意大利	46.96	38.18	47.05	60.04	57.78	5.3	−3.8
美国	45.83	37.94	48.18	59.19	56.33	5.3	−4.8
荷兰	46.60	37.54	46.98	59.28	57.12	5.2	−3.7
加拿大	68.35	57.73	70.65	91.86	83.76	5.2	−8.8
比利时	46.59	37.94	47.01	59.87	56.96	5.2	−4.9
德国	47.49	38.61	47.83	59.71	57.54	4.9	−3.6
法国	47.93	39.22	48.19	60.64	58.03	4.9	−4.3
奥地利	50.08	38.69	48.55	60.24	57.62	3.6	−4.4
日本	6558.20	4546.75	6093.78	8044.32	7279.69	2.6	−9.5

资料来源：1. 国外数据来源于《Energy Prices and Taxes，2nd Quarter 2020》，IEA。

　　　　　2. 中国数据来源于海关总署统计月报。

注　中国数据根据每年进口量和进口额计算。

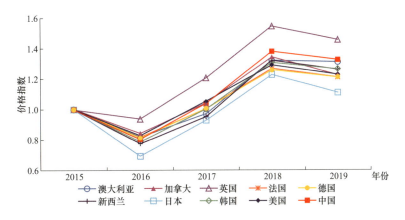

图 1-9　2015—2019 年部分国家原油进口到岸价格变化趋势

1.3 成品油价格分析

1.3.1 中国成品油价格

2015—2019 年中国成品油价格（含税，下同）随同国际原油价格一同变化，在 2016 年价格触底反弹后 2019 年又出现明显下降。在 2015 年价格大幅下降后，2016 年价格降幅明显缩小；随后 2017、2018 年价格上升明显，其中 2018 年汽油和柴油出厂价格比 2017 年分别上升了 14.4% 和 16.3%；2019 年汽油和柴油出厂价格则同步分别下降了 6.0% 和 6.4%。2015—2019 年间汽油和柴油出厂价格年均增长率分别为 3.1% 和 3.5%，2015—2019 年中国成品油平均价格及变化趋势如图 1-10 所示。

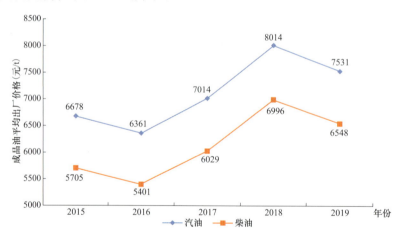

图 1-10　2015—2019 年中国成品油平均出厂价格变化趋势

在 2013 年缩短成品油调价周期、取消调价幅度限制和调整挂靠油种的基础上，2016 年 1 月，国家进一步完善了成品油价格形成机制，一是设定成品油价格调控下限，下限水平定为每桶 40 美元，当国内成品油价格挂靠的国际市场原油价格低于 40 美元时，国内成品油价格不再下调；二是建立油价调控风险准备金；三是放开液化石油气出厂价格；四是简化成品油调价操作方式，由印发成品油价格调整文件改为发布调价信息稿。受国际油价波动的影响，2018－2019年国内成品油价格先后进行了47次调整。2019年期间，汽油和柴油单价累计增加了695元/t和690元/t，但由于2018年降价主要集中在10月之后，并且2019年涨价较多集中在11月和12月，所以2019年的平均价格反而低于2018年，具体如表1-5和图1-11所示。

表1-5 2018年以来中国成品油价格（出厂价）调整情况 元/t

调价时间	汽油		柴油	
	调价后	调整幅度	调价后	调整幅度
2017年12月28日	7555	70	6550	70
2018年1月12日	7735	180	6725	175
2018年1月26日	7800	65	6785	60
2018年2月9日	7630	－170	6625	－160
2018年2月28日	7440	－190	6440	－185
2018年3月28日	7610	170	6605	165
2018年4月12日	7665	55	6655	50
2018年4月26日	7920	255	6900	245
2018年4月30日	7845	－75	6835	－65
2018年5月11日	8015	170	7000	165
2018年5月25日	8275	260	7250	250
2018年6月8日	8145	－130	7125	－125
2018年6月25日	8090	－55	7070	－55
2018年7月9日	8360	270	7330	260
2018年7月23日	8235	－125	7210	－120
2018年8月6日	8305	70	7280	70
2018年8月20日	8255	－50	7230	－50
2018年9月3日	8435	180	7400	170
2018年9月17日	8580	145	7545	145

续表

调价时间	汽油		柴油	
	调价后	调整幅度	调价后	调整幅度
2018 年 9 月 30 日	8820	240	7775	230
2018 年 10 月 19 日	8985	165	7935	160
2018 年 11 月 2 日	8610	− 375	7570	− 365
2018 年 11 月 16 日	8100	− 510	7080	− 490
2018 年 11 月 30 日	7560	− 540	6560	− 520
2018 年 12 月 14 日	7435	− 125	6440	− 120
2018 年 12 月 28 日	7065	− 370	6085	− 355
2019 年 1 月 14 日	7170	105	6190	105
2019 年 1 月 28 日	7415	245	6420	230
2019 年 2 月 14 日	7465	50	6470	50
2019 年 2 月 28 日	7735	270	6730	260
2019 年 3 月 28 日	7815	80	6810	80
2019 年 3 月 31 日	7590	− 225	6610	− 200
2019 年 4 月 12 日	7745	155	6760	150
2019 年 4 月 26 日	7940	195	6945	185
2019 年 5 月 13 日	7865	− 75	6870	− 75
2019 年 5 月 27 日	7915	50	6920	50
2019 年 6 月 11 日	7450	− 465	6475	− 445
2019 年 6 月 25 日	7330	− 120	6360	− 115
2019 年 7 月 9 日	7480	150	6500	140
2019 年 8 月 6 日	7400	− 80	6430	− 70
2019 年 8 月 20 日	7190	− 210	6225	− 205
2019 年 9 月 3 日	7305	115	6330	105
2019 年 9 月 18 日	7430	125	6455	125
2019 年 10 月 21 日	7280	− 150	6310	− 145
2019 年 11 月 4 日	7385	105	6415	105
2019 年 11 月 18 日	7455	70	6480	65

续表

调价时间	汽油		柴油	
	调价后	调整幅度	调价后	调整幅度
2019 年 12 月 2 日	7525	70	6545	65
2019 年 12 月 30 日	7760	235	6775	230

资料来源：国家发展改革委相关文件。

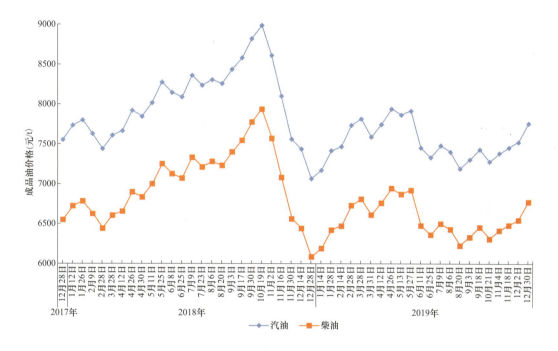

图 1-11   2018 年以来中国成品油价格调整情况

1.3.2 国际成品油价格

（一）汽油价格国际比较

从可获得数据的国家汽油价格水平来看，2019 年，中国汽油含税价格在所列的 33 个国家中排在倒数第 3 位，处于较低水平；优质无铅汽油不含税价格水平中国在所列的 33 个国家中排在第 7 位，略高于平均水平。各国汽油的税价❶

---

❶ 各国汽油的税价主要包括消费税、增值税或商品及服务税等。

占含税价的比例，欧洲大部分国家在 50％以上；亚洲的日本和韩国接近 50％；中国为 33.8％，在所列国家中高于美国和加拿大，比上年降低 2.03 个百分点。2019 年部分国家优质无铅汽油含税价格、不含税价格及构成如表 1-6、图 1-12 和图 1-13 所示。

表 1-6　2019 年部分国家优质无铅汽油含税价格、不含税价格及税价构成　美元/L

国家	不含税价格	消费税	增值税	含税价格	税价占含税价比例（％）
芬兰	0.59	0.78	0.34	1.71	65.4
荷兰	0.65	0.87	0.32	1.85	64.8
意大利	0.63	0.82	0.31	1.76	64.3
希腊	0.64	0.78	0.35	1.77	63.9
英国	0.59	0.74	0.27	1.60	63.2
法国	0.63	0.77	0.28	1.68	62.7
以色列	0.66	0.85	0.26	1.77	62.6
瑞典	0.64	0.70	0.33	1.67	62.0
葡萄牙	0.64	0.72	0.31	1.67	61.7
爱尔兰	0.59	0.68	0.29	1.58	61.7
德国	0.62	0.73	0.26	1.61	61.1
斯洛文尼亚	0.57	0.62	0.26	1.43	60.9
挪威	0.71	0.72	0.36	1.78	60.4
丹麦	0.73	0.70	0.36	1.78	59.3
爱沙尼亚	0.62	0.63	0.25	1.50	59.0
比利时	0.69	0.67	0.29	1.65	58.5
捷克	0.58	0.56	0.24	1.37	58.5
奥地利	0.60	0.55	0.24	1.39	56.5
斯洛伐克	0.67	0.57	0.25	1.50	55.2
瑞士	0.73	0.75	0.11	1.61	54.4

续表

国家	不含税价格	消费税	增值税	含税价格	税价占含税价比例（%）
西班牙	0.67	0.53	0.26	1.46	53.8
匈牙利	0.61	0.42	0.28	1.32	53.3
波兰	0.62	0.44	0.24	1.30	52.2
卢森堡	0.69	0.53	0.21	1.42	51.2
土耳其	0.60	0.42	0.18	1.21	50.0
韩国	0.77	0.62	0.14	1.53	49.8
智利	0.59	0.45	0.11	1.15	48.9
日本	0.72	0.52	0.08	1.34	46.6
新西兰	0.80	0.49	0.19	1.49	46.5
澳大利亚	0.69	0.29	0.10	1.08	35.9
中国	**0.70**	**0.22**	**0.14**	**1.06**	**33.8**
加拿大	0.69	0.28	0.05	1.02	32.6
美国	0.64	0.11	—	0.79	19.0
平均	**0.65**	**0.59**	**0.24**	**1.48**	**54.2**

资料来源：《Energy Prices and Taxes，2nd Quarter 2020》，IEA。

注 日本为91号汽油，其余国家为95号汽油；增值税价格中，澳大利亚、加拿大、新西兰为商品及服务税，日本为消耗税。

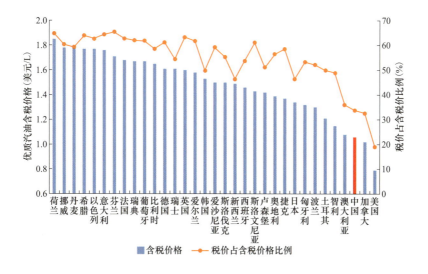

图 1-12　2019 年部分国家优质无铅汽油含税价格比较

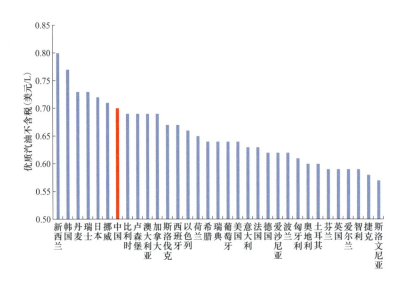

图 1-13　2019 年部分国家优质无铅汽油不含税价格比较

2015—2019 年部分国家优质无铅汽油价格及变化趋势如表 1-7 和图 1-14 所示。

表 1-7　　　　　　2015—2019 年部分国家优质无铅汽油价格　　　　本币元/L

国家	2015 年	2016 年	2017 年	2018 年	2019 年	年均增长率（%）	2019 年同比增长（%）
墨西哥	14.10	14.20	17.70	19.32	—	—	—
土耳其	4.51	4.56	5.34	6.29	6.84	11.0	8.7
爱沙尼亚	1.10	1.06	1.19	1.33	1.34	5.1	0.8
瑞典	13.22	13.01	13.96	15.38	15.81	4.6	2.8
中国	**6.28**	**6.03**	**6.91**	**7.65**	**7.29**	**3.8**	**−4.7**
挪威	13.73	13.55	14.63	15.55	15.69	3.4	0.9
美国	0.70	0.63	0.71	0.81	0.79	3.1	−2.5
英国	1.11	1.09	1.18	1.25	1.25	3.0	0.0
加拿大	1.20	1.14	1.27	1.42	1.35	3.0	−4.9
新西兰	2.02	1.92	2.05	2.25	2.26	2.8	0.4
澳大利亚	1.40	1.32	1.41	1.55	1.56	2.7	0.6
法国	1.36	1.30	1.38	1.51	1.50	2.5	−0.7
卢森堡	1.17	1.09	1.16	1.22	1.27	2.1	4.1

续表

国家	2015 年	2016 年	2017 年	2018 年	2019 年	年均增长率（%）	2019 年同比增长（%）
希腊	1.46	1.38	1.50	1.58	1.58	2.0	0.0
波兰	4.63	4.36	4.59	4.94	5.00	1.9	1.2
瑞士	1.49	1.41	1.51	1.63	1.60	1.8	−1.8
丹麦	11.08	10.44	11.15	11.82	11.89	1.8	0.6
智利	751.36	706.92	737.88	805.45	805.62	1.8	0.0
匈牙利	357.90	333.43	354.28	382.36	382.35	1.7	0.0
日本	137.60	120.60	133.45	149.72	146.03	1.5	−2.5
荷兰	1.56	1.48	1.55	1.62	1.65	1.4	1.9
西班牙	1.23	1.15	1.22	1.29	1.30	1.4	0.8
芬兰	1.46	1.37	1.46	1.51	1.53	1.2	1.3
葡萄牙	1.43	1.38	1.46	1.54	1.49	1.0	−3.2
奥地利	1.20	1.11	1.18	1.27	1.24	0.8	−2.4
爱尔兰	1.37	1.28	1.37	1.44	1.41	0.7	−2.1
德国	1.40	1.30	1.37	1.46	1.44	0.7	−1.4
比利时	1.43	1.34	1.42	1.48	1.47	0.7	−0.7
斯洛伐克	1.31	1.23	1.30	1.38	1.34	0.6	−2.9
意大利	1.54	1.44	1.53	1.60	1.57	0.5	−1.9
捷克	31.35	28.6	30.31	32.06	31.34	0.0	−2.2
斯洛文尼亚	1.29	1.19	1.27	1.32	1.28	−0.2	−3.0
以色列	6.41	6.01	6.13	6.53	6.31	−0.4	−3.4
韩国	1876.14	1757.59	1825.09	1877.46	1786.44	−1.2	−4.8

资料来源：《Energy Prices and Taxes，2nd Quarter 2020》，IEA。

注 价格为含税价格。

27

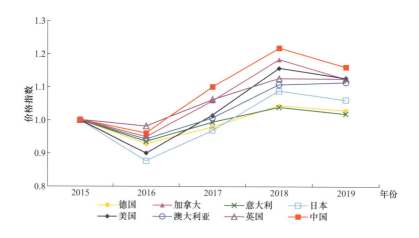

图 1-14　2015－2019 年部分国家优质无铅汽油价格变化趋势

从国际汽油价格走势看，由于 2015 年国际汽油价格随同国际原油价格出现了大幅下降，故 2015－2019 年间除少数国家优质无铅汽油价格略有下降外，大部分国家上升趋势，年均增长率在－1.2％～11.0％范围内，中国年均增长率为 3.8％，在所列的国家中排在第 4 位。2019 年优质无铅汽油价格与 2018 年相比，各国同比变化幅度在－4.9％～8.7％范围内，其中土耳其油价同比大涨 8.7％，主要是受其汇率暴跌及叙利亚战事影响；中国 2019 年优质无铅汽油价格同比增长－4.7％，在所列的国家中排在倒数第 3 位。

（二）柴油价格国际比较

从可获得数据的国家柴油价格水平看，2019 年，在所列的 34 个国家中，中国柴油含税价格排名倒数第 3 位，不含税价格排名倒数第 5 位。各国柴油的税价占含税价的比例，欧洲大部分国家在 50％以上，美国为 19.8％，日本为 33.4％，韩国为 45.6％。中国为 31.7％，在所列的国家中高于美国、智利、新西兰和加拿大，比上年降低 2.6 个百分点。2019 年部分国家非商业车用柴油含税价格、不含税价格及构成如表 1-8、图 1-15 和图 1-16 所示。

表 1-8   2019 年部分国家非商业车用柴油含税价格、

不含税价格及税价构成   美元/L

国家	不含税价格	消费税	增值税	含税价格	税价占含税价比例（%）
以色列	0.77	0.82	0.27	1.86	59.0
瑞士	0.85	0.78	0.12	1.75	52.3
比利时	0.74	0.67	0.29	1.70	56.6
挪威	0.78	0.58	0.34	1.69	54.1
英国	0.66	0.74	0.28	1.67	61.1
意大利	0.67	0.69	0.30	1.66	59.5
瑞典	0.83	0.49	0.33	1.65	49.9
法国	0.66	0.68	0.27	1.61	59.0
芬兰	0.67	0.59	0.30	1.58	56.7
希腊	0.78	0.46	0.30	1.53	49.6
丹麦	0.75	0.48	0.31	1.53	51.2
荷兰	0.71	0.55	0.27	1.52	53.7
葡萄牙	0.69	0.55	0.28	1.52	54.4
爱沙尼亚	0.68	0.55	0.25	1.49	53.4
爱尔兰	0.64	0.56	0.28	1.48	56.8
德国	0.69	0.53	0.24	1.44	52.7
斯洛文尼亚	0.63	0.53	0.26	1.40	55.2
斯洛伐克	0.75	0.41	0.24	1.39	46.8
捷克	0.66	0.48	0.24	1.38	51.9
匈牙利	0.69	0.39	0.29	1.37	49.5
西班牙	0.71	0.43	0.24	1.37	48.4
奥地利	0.67	0.46	0.22	1.35	50.4
波兰	0.69	0.38	0.24	1.32	47.7
卢森堡	0.66	0.39	0.18	1.23	46.4

续表

国家	不含税价格	消费税	增值税	含税价格	税价占含税价比例（%）
日本	0.78	0.32	0.07	1.16	33.4
韩国	0.63	0.42	0.10	1.15	45.6
土耳其	0.64	0.32	0.17	1.13	43.3
澳大利亚	0.63	0.29	0.09	1.02	37.4
新西兰	0.80	0.03	0.13	0.96	15.9
加拿大	0.66	0.23	0.05	0.93	30.1
中国	**0.63**	**0.17**	**0.12**	**0.93**	**31.7**
智利	0.61	0.12	0.12	0.84	28.1
美国	0.65	0.13	—	0.81	19.8
平均	**0.70**	**0.46**	**0.22**	**1.38**	**47.32**

资料来源：《Energy Prices and Taxes，2nd Quarter 2020》，IEA。

注　增值税价格中，加拿大、新西兰为商品及服务税价格，日本为消耗税价格。

图 1-15　2019 年部分国家非商业车用柴油含税价格比较

2015—2019 年部分国家非商业车用柴油价格及变化趋势如表 1-9 和图 1-17 所示。

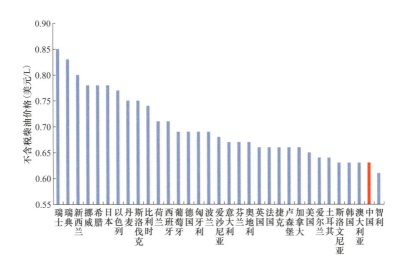

图 1-16 2019 年部分国家非商业车用柴油不含税价格比较

表 1-9 2015－2019 年部分国家非商业车用柴油价格 本币元/L

国家	2015 年	2016 年	2017 年	2018 年	2019 年	年均增长率（%）	2019 年同比增长（%）
墨西哥	14.12	14.01	16.87	18.94	—	—	—
土耳其	3.88	3.87	4.69	5.77	6.39	13.3	10.7
新西兰	1.14	1.01	1.18	1.43	1.45	6.2	1.4
法国	1.15	1.1	1.23	1.44	1.44	5.8	0.0
比利时	1.22	1.19	1.33	1.50	1.52	5.7	1.3
爱沙尼亚	1.08	1.03	1.18	1.31	1.33	5.3	1.5
中国	5.60	5.21	5.96	6.53	6.40	5.3	－1.9
挪威	12.23	11.66	13.49	14.86	14.89	5.0	0.2
希腊	1.16	1.06	1.25	1.37	1.37	4.2	0.0
瑞典	13.29	13.3	14.26	15.6	15.63	4.1	0.2
智利	511.08	432.44	485.97	580.84	592.56	3.8	2.0
葡萄牙	1.19	1.13	1.24	1.34	1.36	3.4	1.5
澳大利亚	1.29	1.18	1.30	1.50	1.47	3.3	－2.0

续表

国家	2015 年	2016 年	2017 年	2018 年	2019 年	年均增长率 (%)	2019 年同比增长 (%)
英国	1.15	1.10	1.20	1.30	1.31	3.3	0.8
加拿大	1.09	0.98	1.10	1.29	1.23	3.1	-4.7
波兰	4.48	4.13	4.43	4.92	5.05	3.0	2.6
美国	0.72	0.61	0.70	0.84	0.81	3.0	-3.6
瑞士	1.55	1.45	1.58	1.74	1.74	2.9	0.0
匈牙利	358.00	332.59	357.13	396.72	399.39	2.8	0.7
荷兰	1.23	1.14	1.22	1.34	1.36	2.5	1.5
丹麦	9.34	8.66	9.28	10.23	10.22	2.3	-0.1
芬兰	1.29	1.19	1.29	1.39	1.41	2.2	1.4
西班牙	1.12	1.01	1.10	1.20	1.22	2.2	1.7
日本	117.03	102.00	112.20	128.40	126.88	2.0	-1.2
德国	1.19	1.10	1.18	1.32	1.29	2.0	-2.3
奥地利	1.12	1.03	1.11	1.22	1.21	2.0	-0.8
卢森堡	1.02	0.92	1.00	1.10	1.10	1.9	0.0
斯洛伐克	1.15	1.05	1.15	1.26	1.24	1.9	-1.6
斯洛文尼亚	1.18	1.08	1.18	1.28	1.25	1.5	-2.3
爱尔兰	1.25	1.15	1.24	1.34	1.32	1.4	-1.5
意大利	1.41	1.28	1.38	1.49	1.48	1.2	-0.7
以色列	6.37	5.79	6.08	6.71	6.63	1.0	-1.2
韩国	1299.57	1182.54	1282.53	1391.9	1340.52	0.8	-3.7
捷克	31.20	27.38	29.50	31.56	31.68	0.4	0.4

资料来源：《Energy Prices and Taxes，2nd Quarter 2020》，IEA。

注 价格为含税价格。

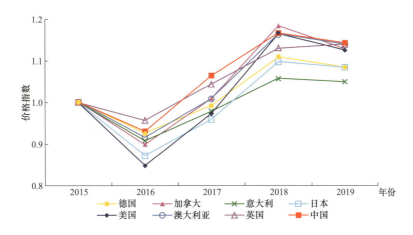

图 1 - 17　2015—2019 年部分国家非商业车用柴油价格变化趋势

从国际柴油价格走势看，由于 2015 年国际柴油价格随同国际原油价格出现了大幅下降，故 2015—2019 年间所列国家均呈上升趋势，年均增长率在 0.4%～13.3% 范围内，中国年均增长率为 5.3%，在所列的国家中排在第 6 位。2019年非商业车用柴油价格与 2018 年相比，各国同比变化幅度在 - 4.7%～10.7%范围内，其中土耳其油价同比大涨 10.7% 主要是受其汇率暴跌及叙利亚战事影响；中国 2019 年非商业车用柴油价格同比增长 - 1.9%，在所列的国家中排在倒数第 7 位。

1.3.3　国际成品油与原油价格变化趋势的比较

目前，中国原油价格已与国际市场直接接轨，成品油价格与国际市场原油价格有控制地间接接轨，即在国际市场原油价格持续上涨或剧烈波动时，对成品油价格进行适当调控，以减轻对国内市场的影响。

2015—2019 年部分国家优质无铅汽油价格、Brent 原油现货价格及变化趋势如表 1 - 10 和图 1 - 18 所示。

从所选国家优质无铅汽油和 Brent 原油价格走势看，2015—2019 年间除少数国家优质无铅汽油价格略有下降外，大部分国家上升趋势，年均增长率在 - 1.2%～11.0% 范围内；Brent 原油现货价格的年均增长率为 5.2%。2019

年优质无铅汽油价格与 2018 年相比，各国同比变化幅度在 − 4.9％～8.7％范围内，所列国家中超半数国家同比降低；2019 年 Brent 原油现货价格同比降低 10.0％。由此可见，成品油价格基本随着国际原油价格的变化而变化，国际原油价格的下降速度明显高于大部分国家成品油价格的下降速度。

表 1-10　　部分国家优质无铅汽油价格和国际原油价格变化情况比较

类　　别	国家（地区）	2015 年	2016 年	2017 年	2018 年	2019 年	年均增长率（％）
原油（美元/桶）	Brent	52.39	43.73	54.19	71.31	64.21	5.2
优质汽油（本币元/L）	墨西哥	14.10	14.20	17.70	19.32	—	—
	土耳其	4.51	4.56	5.34	6.29	6.84	11.0
	爱沙尼亚	1.10	1.06	1.19	1.33	1.34	5.1
	瑞典	13.22	13.01	13.96	15.38	15.81	4.6
	中国	**6.28**	**6.03**	**6.91**	**7.65**	**7.29**	**3.8**
	挪威	13.73	13.55	14.63	15.55	15.69	3.4
	美国	0.70	0.63	0.71	0.81	0.79	3.1
	英国	1.11	1.09	1.18	1.25	1.25	3.0
	加拿大	1.20	1.14	1.27	1.42	1.35	3.0
	新西兰	2.02	1.92	2.05	2.25	2.26	2.8
	澳大利亚	1.40	1.32	1.41	1.55	1.56	2.7
	法国	1.36	1.30	1.38	1.51	1.50	2.5
	卢森堡	1.17	1.09	1.16	1.22	1.27	2.1
	希腊	1.46	1.38	1.50	1.58	1.58	2.0
	波兰	4.63	4.36	4.59	4.94	5.00	1.9
	瑞士	1.49	1.41	1.51	1.63	1.60	1.8
	丹麦	11.08	10.44	11.15	11.82	11.89	1.8
	智利	751.36	706.92	737.88	805.45	805.62	1.8
	匈牙利	357.90	333.43	354.28	382.36	382.35	1.7
	日本	137.60	120.60	133.45	149.72	146.03	1.5
	荷兰	1.56	1.48	1.55	1.62	1.65	1.4

类　别	国家 (地区)	2015 年	2016 年	2017 年	2018 年	2019 年	年均增长率 (%)
优质汽油 (本币元/L)	西班牙	1.23	1.15	1.22	1.29	1.30	1.4
	芬兰	1.46	1.37	1.46	1.51	1.53	1.2
	葡萄牙	1.43	1.38	1.46	1.54	1.49	1.0
	奥地利	1.20	1.11	1.18	1.27	1.24	0.8
	爱尔兰	1.37	1.28	1.37	1.44	1.41	0.7
	德国	1.40	1.30	1.37	1.46	1.44	0.7
	比利时	1.43	1.34	1.42	1.48	1.47	0.7
	斯洛伐克	1.31	1.23	1.30	1.38	1.34	0.6
	意大利	1.54	1.44	1.53	1.60	1.57	0.5
	捷克	31.35	28.6	30.31	32.06	31.34	0.0
	斯洛文尼亚	1.29	1.19	1.27	1.32	1.28	－0.2
	以色列	6.41	6.01	6.13	6.53	6.31	－0.4
	韩国	1876.14	1757.59	1825.09	1877.46	1786.44	－1.2

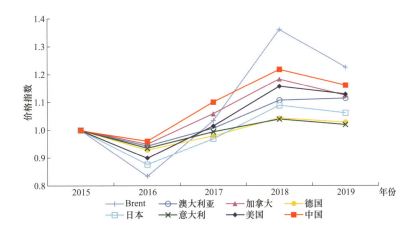

图 1-18　部分国家成品油价格与国际原油价格变化趋势

1.4 小结

本章从石油生产消费、原油价格、成品油价格等几个方面进行了系统梳理。

石油生产消费方面，中东地区仍为世界主要原油出口地区，但以美国为主的新兴石油输出国不断提高产量。我国石油消费量处于美国之后为世界第二，国内原油产量较少，对外依存度较高。原油价格方面，2019 年全年国际油价震荡幅度显著减小，年均价格较 2018 年有所降低。成品油价格方面，我国 2017 年对成品油价格形成机制进行了进一步完善，基本实现与国际原油价格同步调整。总体来看，市场供需是影响油价的最主要因素。

2

天然气价格分析

2.1 天然气的生产与消费

2.1.1 世界及主要国家天然气生产和消费

2019 年，世界天然气产量较 2018 年有所上涨，增幅 3.4%。2019 年，世界天然气产量为 3.99 万亿 m^3，同比增加了 1318 亿 m^3，增幅为 3.4%。**从 2019 年世界天然气产量分布来看，美国与俄罗斯仍拥有世界最大天然气产量，分别达到 9209 亿 m^3 和 6790 亿 m^3**，分别占世界总产量的 23.1% 和 17.0%。我国天然气产量 1776 亿 m^3，占世界总产量的 4.5%，与 2018 年天然气产量相比，增幅为 9.9%。世界主要产气国中，除美国外，澳大利亚（18.0%）和埃及（10.9%）2019 年产量同比增幅超过了 10%。2015—2019 年，世界天然气总产量稳步增长，年均增长率为 3.3%，2019 年增幅（3.4%）较 2018 年增幅（5.2%）有明显下降。2015—2019 年世界及主要国家（地区）天然气生产量如表 2-1 和图 2-1 所示。

表 2-1　　2015—2019 年世界及主要国家（地区）天然气生产量　　十亿 m^3

世界及主要国家（地区）	2015 年	2016 年	2017 年	2018 年	2019 年	年均增长率（%）	2019 年同比增长（%）	2019 年占总量比例（%）
美国	740.3	727.4	746.2	835.9	920.9	5.6	10.2	23.1
俄罗斯	584.4	589.3	635.6	669.1	679.0	3.8	1.5	17.0
伊朗	183.5	199.3	219.5	238.3	244.2	7.4	2.4	6.1
卡塔尔	174.9	173.6	168.6	176.5	178.1	0.5	0.9	4.5
中国	**135.7**	**137.9**	**149.2**	**161.5**	**177.6**	**7.0**	**9.9**	**4.5**
加拿大	160.8	171.8	175.6	179.0	173.1	1.9	−3.3	4.3
澳大利亚	76.0	96.4	112.8	130.1	153.5	19.2	18.0	3.8

续表

世界及主要国家（地区）	2015 年	2016 年	2017 年	2018 年	2019 年	年均增长率（%）	2019 年同比增长（%）	2019 年占总量比例（%）
挪威	116.2	115.9	123.2	121.3	114.4	−0.4	−5.7	2.9
沙特阿拉伯	99.2	105.3	109.3	112.1	113.6	3.4	1.4	2.8
阿尔及利亚	81.4	91.4	93.0	93.8	86.2	1.4	−8.1	2.2
马来西亚	76.8	76.7	78.5	77.3	78.8	0.6	2.0	2.0
印度尼西亚	76.2	75.1	72.7	72.8	67.5	−3.0	−7.2	1.7
埃及	42.6	40.3	48.8	58.6	64.9	11.1	10.9	1.6
土库曼斯坦	65.9	63.2	58.7	61.5	63.2	−1.0	2.7	1.6
阿联酋	58.7	60.3	62.4	61.4	62.5	1.6	1.9	1.6
乌兹别克斯坦	53.6	53.1	53.4	57.2	56.3	1.2	−1.6	1.4
尼日利亚	47.6	42.6	47.2	48.3	49.3	0.9	2.1	1.2
阿根廷	35.5	37.3	37.1	39.4	41.6	4.0	5.6	1.0
英国	40.7	41.7	41.9	40.5	39.6	−0.7	−2.2	1.0
泰国	37.5	37.3	35.9	34.7	35.8	−1.2	3.0	0.9
特立尼达和多巴哥	36.0	31.3	31.9	34.0	34.6	−1.0	1.8	0.9
墨西哥	47.9	43.7	38.3	35.2	34	−8.2	−3.4	0.9
巴基斯坦	35.0	34.7	34.7	34.2	33.9	−0.8	−1.0	0.8
荷兰	45.9	44.3	38.5	32.3	28.1	−11.5	−13.0	0.7
委内瑞拉	36.1	37.2	38.6	31.6	26.5	−7.4	−16.3	0.7
世界合计	3500.6	3540.4	3672.5	3857.5	3989.3	3.3	3.4	100.0

资料来源：《BP 世界能源统计年鉴 2020》。

注 数据不包括放空燃烧或回收的天然气。

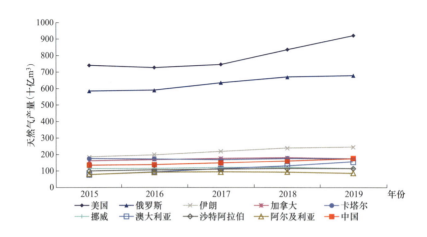

图 2-1　2015－2019 年世界主要国家天然气生产量变化趋势

2019 年世界天然气消费增速 2.0％，增幅较 2018 年同期（5.3％）出现明显下滑。2019 年全球天然气消费增幅较大的国家主要有澳大利亚、西班牙、中国和巴基斯坦等国家。2015－2019 年，世界天然气消费量年均增长率为 3.1％。我国 2019 年天然气消费量 3073 亿 m³，同比增长 8.6％，增速较 2018 年有所下降，在世界主要国家中的增速排名第三。**从各主要国家天然气消费量占世界天然气总消费的比重来看，2019 年美国依然是天然气消费量最大的国家**，占世界天然气消费量比重达 21.5％；其次是俄罗斯，占比为 11.3％；中国天然气消费量占比提高到 7.8％，比 2018 年比重提高 0.4 个百分点；加上伊朗、日本、加拿大和沙特阿拉伯，七个国家共占全球消费量 55.1％。上述国家 2019 年天然气消费量同比增速均出现不同程度增下滑，导致 2019 年全球天然气消费量增长率低于 2018 年同期。2015－2019 年世界及主要国家（地区）天然气消费量如表 2-2 和图 2-2 所示。

表 2-2　　2015－2019 年世界及主要国家（地区）天然气消费量　　　十亿 m³

世界及主要国家（地区）	2015 年	2016 年	2017 年	2018 年	2019 年	年均增长率（％）	2019 年同比增长（％）	2019 年占总产量比例（％）
美国	743.6	749.1	740.0	819.9	846.6	3.3	3.3	21.5
俄罗斯	408.7	420.6	431.1	454.5	444.3	2.1	−2.2	11.3

世界及主要国家（地区）	2015 年	2016 年	2017 年	2018 年	2019 年	年均增长率（%）	2019 年同比增长（%）	2019 年占总产量比例（%）
中国	194.7	209.4	240.4	283.0	307.3	12.1	8.6	7.8
伊朗	184.0	196.3	209.1	224.1	223.6	5.0	−0.2	5.7
加拿大	109.8	106.2	109.3	118.3	120.3	2.3	1.7	3.1
沙特阿拉伯	99.2	105.3	109.3	112.1	113.6	3.4	1.3	2.9
日本	118.7	116.4	117.0	115.7	108.1	−2.3	−6.6	2.8
墨西哥	80.8	83.0	86.0	87.6	90.7	2.9	3.5	2.3
德国	77.0	84.9	87.7	85.9	88.7	3.6	3.3	2.3
英国	72.0	80.7	78.6	79.3	78.8	2.3	−0.6	2.0
阿联酋	71.5	72.7	74.7	74.4	76.0	1.5	2.2	1.9
意大利	64.3	67.5	71.6	69.2	70.8	2.4	2.3	1.8
印度	47.8	50.8	53.7	58.1	59.7	5.7	2.8	1.5
埃及	46.0	49.4	55.9	59.6	58.9	6.4	−1.2	1.5
韩国	45.6	47.6	49.8	57.8	56.0	5.3	−3.1	1.4
澳大利亚	42.1	41.7	41.2	41.4	53.7	6.3	29.7	1.4
泰国	51.0	50.6	50.1	50.0	50.8	−0.1	1.6	1.3
阿根廷	46.7	48.2	48.3	48.7	47.5	0.4	−2.5	1.2
巴基斯坦	36.5	38.7	40.7	43.6	45.7	5.8	4.8	1.2
阿尔及利亚	37.9	38.6	39.5	43.4	45.2	4.5	4.1	1.2
印度尼西亚	45.8	44.6	43.2	44.5	43.8	−1.1	−1.6	1.1
法国	40.8	44.5	44.8	42.7	43.4	1.6	1.6	1.1
乌兹别克斯坦	46.3	43.3	43.1	44.4	43.4	−1.6	−2.3	1.1
土耳其	46.0	44.5	51.6	47.2	43.2	−1.6	−8.5	1.1

续表

世界及主要国家（地区）	2015 年	2016 年	2017 年	2018 年	2019 年	年均增长率（%）	2019 年同比增长（%）	2019 年占总产量比例（%）
马来西亚	46.8	45.0	45.0	41.0	42.3	−2.5	3.2	1.1
卡塔尔	42.4	40.2	39.9	41.4	41.1	−0.8	−0.7	1
荷兰	34.1	35.2	36.2	35.4	36.8	1.9	4.0	0.9
西班牙	28.5	29.1	31.7	31.5	36.1	6.1	14.6	0.9
巴西	42.9	37.1	37.6	35.9	35.8	−4.4	−0.3	0.9
委内瑞拉	37.0	37.2	38.6	31.6	26.5	−8.0	−16.1	0.7
世界合计	3478.0	3559.0	3658.6	3851.7	3929.2	3.1	2.0	100.0

资料来源：《BP 世界能源统计年鉴 2020》。

注　数据不包括放空燃烧或回收的天然气。

图 2-2　2015—2019 年世界及主要国家天然气消费量变化趋势

2.1.2　天然气贸易

从贸易总量来看，**2019 年全球天然气贸易总量接近 1.3 万亿 m³，同比增加 4.1%**。其中，液化天然气（LNG）贸易量为 4851 亿 m³，同比增加 12.7%，占总贸易量比重为 37.7%。管道天然气贸易量为 8015 亿 m³，同比减少 0.5%，占总贸易量比重为 62.3%，贸易结构与 2018 年基本一致。

从天然气贸易的区域结构来看，2019 年基本保持稳定：以中国、日本和韩国为主的东亚和以德国、意大利为主的西欧是最大的天然气进口市场。中东地区、俄罗斯、澳大利亚及中亚地区是天然气主要出口市场。美国则在能源开发扶持政策下，继续维持天然气净出口国的地位。

从天然气贸易类型来看，管道天然气贸易主要集中在欧洲和北美洲。进口量方面，2019 年德国、美国、意大利和墨西哥的管道天然气进口量占世界管道天然气总进口量的比例最高，分别达到 13.7%、9.1%、6.7% 和 6.3%。中国以 6.0% 的进口份额占比排名第五，较 2018 年有所下降。出口量方面，俄罗斯、挪威和美国的管道天然气出口量占比排名靠前，分别达 27.1%、13.6% 和 9.4%。受地缘政治影响，**2019 年结束了自 2014 年以来的增长态势。**2015—2019 年世界主要国家中，管道天然气进口量增速靠前的国家是墨西哥、中国和加拿大，年均增长率分别达到 14.2%、9.2% 和 6.4%；出口量增长较快的国家是哈萨克斯坦、伊朗和乌兹别克斯坦，年均增长率分别为 24.9%、19.1% 和 15.2%。2015—2019 年世界及主要国家（地区）管道天然气进出口量如表 2-3、表 2-4、图 2-3 和图 2-4 所示。

表 2-3　　2015—2019 年世界及主要国家（地区）管道天然气进口量　　十亿 m³

世界及主要国家（地区）	2015 年	2016 年	2017 年	2018 年	2019 年	年均增长率（%）	2019 年同比增长（%）	2019 年占总量比例（%）
德国	102.3	99.3	94.8	100.8	109.6	1.7	8.7	13.7
美国	74.4	82.5	80.7	77.3	73.3	-0.4	-5.2	9.1
意大利	55.7	59.4	53.8	56.2	54.1	-0.7	-3.7	6.7
墨西哥	29.9	38.4	42.1	45.8	50.8	14.2	10.9	6.3
中国	33.6	38.0	39.4	47.9	47.7	9.2	-0.4	6.0

续表

世界及主要国家（地区）	2015 年	2016 年	2017 年	2018 年	2019 年	年均增长率（%）	2019 年同比增长（%）	2019 年占总量比例（%）
荷兰	33.6	38.0	40.9	35.6	40.0	4.5	12.4	5.0
法国	31.8	32.3	33.5	36.8	37.2	4.0	1.1	4.6
英国	29.0	34.1	39.4	42.8	33.2	3.4	− 22.4	4.1
土耳其	39.7	36.9	42.8	37.6	31.3	− 5.8	− 16.8	3.9
俄罗斯	21.8	21.7	18.9	25.2	26.8	5.3	6.3	3.3
加拿大	19.2	21.9	24	21.9	24.6	6.4	12.3	3.1
阿联酋	17.7	—	16.4	18.2	19.5	2.5	7.1	2.4
白俄罗斯	16.8	16.6	17.8	19.0	19.0	3.1	0.0	2.4
比利时	23.7	22.2	17.7	19.9	12.6	− 14.6	− 36.7	1.6
世界进口总量	709.0	737.5	740.7	805.4	801.5	3.1	− 0.5	100.0

资料来源：《BP 世界能源统计年鉴 2020》。

注　数据不包括放空燃烧或回收的天然气。

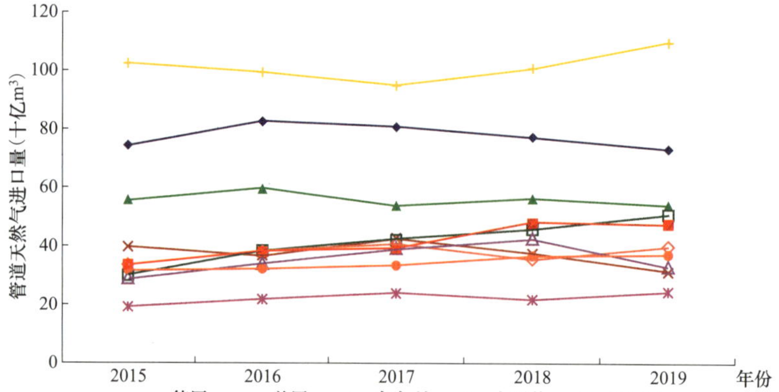

图 2-3　2015—2019 年世界及主要国家管道天然气进口量变化趋势

表 2-4　　2015－2019 年世界及主要国家（地区）管道天然气出口量　　　十亿 m³

国家 （地区）	2015 年	2016 年	2017 年	2018 年	2019 年	年均 增长率 （%）	2019 年 同比增长 （%）	2019 年 占总量比例 （%）
俄罗斯	179.1	190.8	215.4	223.0	217.2	4.9	-2.6	27.1
挪威	109.6	109.8	109.2	114.3	109.1	-0.1	-4.5	13.6
美国	49.1	60.3	66.1	67.6	75.4	11.3	11.5	9.4
加拿大	74.3	82.5	80.7	77.2	73.2	-0.4	-5.2	9.1
荷兰	47.1	52.3	43.3	32.5	38.2	-5.1	17.5	4.8
土库曼斯坦	38.1	37.3	33.6	35.2	31.6	-4.6	-10.2	3.9
哈萨克斯坦	11.3	16.6	13.2	25.6	27.5	24.9	7.4	3.4
阿尔及利亚	26.3	37.1	36.4	38.9	26.7	0.4	-31.4	3.3
卡塔尔	20.0	20.0	18.4	20.2	21.5	1.8	6.4	2.7
伊朗	8.4	8.4	12.5	12.1	16.9	19.1	39.7	2.1
乌兹别克斯坦	7.5	4.3	11.8	14.0	13.2	15.2	-5.7	1.6
缅甸	13.4	12.7	11.5	10.6	11.5	-3.8	8.5	1.4
阿塞拜疆	7.6	8.8	8.9	9.2	11.5	10.9	25.0	1.4
玻利维亚	16.2	16.1	14.9	13.4	11.3	-8.6	-15.7	1.4
印度尼西亚	9.3	8.8	8.0	7.6	7.4	-5.6	-2.6	0.9
世界出口总量	709.0	737.5	740.7	805.4	801.5	3.1	-0.5	100

资料来源：《BP 世界能源统计年鉴 2020》。

注　数据不包括放空燃烧或回收的天然气。

液化天然气（LNG）进口量主要集中在亚太地区，出口主要来自中东、澳大利亚等传统产气国，其中美、俄液化天然气出口市场份额增加。2019 年世界主要国家 LNG 进口量占世界总 LNG 进口量的比例最高的国家是日本、中国和韩国，比例达到 21.7%、17.5% 和 11.5%，其中我国的 2019 年 LNG 进口量达到 848 亿 m³，增幅为 15.4%，相比 2018 年同期 38.9% 的增幅有所

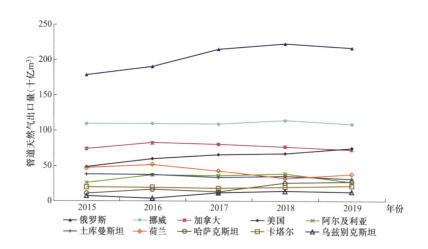

图 2-4　2015－2019 年世界及主要国家管道天然气出口量变化趋势

下降。2019 年进口量增长较快的国家主要集中在欧洲，包括英国、比利时、法国、意大利、西班牙，增速均在 45％以上，最高的英国 2019 年增速高达 151.9％，远高于 2018 年的 1.3％。主要原因是全球 LNG 出口能力提升，市场供应大幅增加；同时叠加 2019 年亚洲需求疲软，导致过剩的 LNG 涌入欧洲市场。2019 年 LNG 主要出口国包括卡塔尔、澳大利亚、美国和俄罗斯，其占比分别为 22.1％、21.6％、9.8％和 8.1％。其中美国和俄罗斯 2019 年出口量增速最快，分别为 66.3％和 57.9％，远高于其他国家。2015－2019 年世界及主要国家（地区）液化天然气进出口量如表 2-5、表 2-6、图 2-5 和图 2-6 所示。

表 2-5　　2015－2019 年世界及主要国家（地区）液化天然气进口量　　　十亿 m³

国家（地区）	2015 年	2016 年	2017 年	2018 年	2019 年	年均增长率（％）	2019 年同比增长（％）	2019 年占总量比例（％）
日本	115.9	113.6	113.9	113.0	105.5	−2.3	6.6	21.7
中国	**27.0**	**36.8**	**52.9**	**73.5**	**84.8**	**33.1**	**15.4**	**17.5**
韩国	45.8	46.3	51.4	60.2	55.6	5.0	7.6	11.5
印度	20.0	24.3	26.1	30.6	32.9	13.3	7.4	6.8

续表

国家（地区）	2015 年	2016 年	2017 年	2018 年	2019 年	年均增长率（%）	2019 年同比增长（%）	2019 年占总量比例（%）
中国台湾	19.6	20.4	22.7	22.8	22.8	3.9	0.5	4.7
法国	6.4	9.1	10.9	13.1	22.9	37.5	79.8	4.7
西班牙	13.7	13.8	16.6	15	21.9	12.4	46.0	4.5
英国	13.7	10.8	7.2	7.3	18.0	7.1	151.9	3.7
意大利	5.9	5.9	8.2	8.0	13.5	23.0	64.2	2.8
土耳其	7.5	7.6	10.9	11.5	12.9	14.5	12.4	2.7
比利时	3.6	2.4	1.3	3.7	7.2	18.9	117.9	1.5
泰国	3.6	3.9	5.2	6.2	6.7	16.8	11.5	1.4
墨西哥	6.8	5.6	6.6	6.9	6.6	-0.7	4.4	1.4
智利	3.7	4.5	4.4	4.3	3.3	-2.8	22.2	0.7
巴西	6.8	2.6	1.7	2.9	3.2	-17.2	12.2	0.7
阿根廷	5.6	5.1	4.6	3.6	1.7	-25.8	51.9	0.4
美国	2.5	2.4	2.2	2.1	1.5	-12.0	30.9	0.3
加拿大	0.6	0.3	0.4	0.6	0.5	-4.5	13.2	0.1
世界进口总量	328.3	346.6	393.4	431.0	485.1	10.3	12.7	100.0

资料来源：《BP 世界能源统计年鉴 2020》。

注　数据不包括放空燃烧或回收的天然气。

图 2-5　2015—2019 年世界及主要国家（地区）液化天然气进口量变化趋势

表 2 - 6 2015－2019 年世界及主要国家（地区）液化天然气出口量 十亿 m³

国家（地区）	2015 年	2016 年	2017 年	2018 年	2019 年	年均增长率（%）	2019 年同比增长（%）	2019 年占总量比例（%）
卡塔尔	105.6	107.3	104.0	104.8	107.1	0.3	2.0	22.1
澳大利亚	39.9	60.4	76.6	91.8	104.7	27.3	14.0	21.6
美国	0.7	4.0	17.2	28.4	47.5	187.0	66.3	9.8
俄罗斯	14.6	14.6	15.4	24.9	39.4	28.1	57.9	8.1
马来西亚	34.3	33.6	36.1	33.0	35.1	0.6	6.5	7.2
尼日利亚	26.9	24.6	28.2	27.8	28.8	1.7	3.3	5.9
特立尼达和多巴哥	16.4	14.3	13.4	16.8	17.0	0.9	2.6	3.5
阿尔及利亚	16.6	15.7	16.5	13.5	16.6	－ 0.1	26.4	3.4
印度尼西亚	21.6	22.4	21.7	20.8	16.5	－ 6.6	－ 20.8	3.4
阿曼	10.2	11.0	11.4	13.6	14.1	8.4	3.6	2.9
巴布亚新几内亚	10.1	10.9	11.1	9.5	11.6	3.6	22.2	2.4
文莱	8.7	8.6	9.1	8.8	8.8	0.3	3.0	1.8
阿联酋	7.6	7.7	7.3	7.4	7.7	0.2	3.5	1.6
世界出口总量	337.1	358.3	393.9	431.0	485.1	9.5	12.7	100.0

资料来源：《BP 世界能源统计年鉴 2020》。

注 数据不包括放空燃烧或回收的天然气。

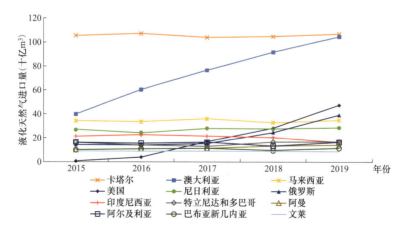

图 2 - 6 2015－2019 年世界及主要国家（地区）液化天然气出口量变化趋势

2019 年，我国天然气进口继续保持以液化天然气（LNG）为主的格局，同时天然气对外依存度有所下降。2019 年我国累计进口天然气 1325 亿 m^3。其中，LNG 进口量 848 亿 m^3，占总进口量的 64.0%，较 2018 年增加了 3.5 个百分点；管道天然气进口量 477 亿 m^3，占 36.0%。2019 年，我国国内的天然气对外依存度为 42.1%，比 2018 年下降 0.7 个百分点。这主要得益于 2019 国内天然气产量和储量的双双提升，以及经济增长放缓和"煤改气"工程减少导致的消费增速放缓。

2.2 国际天然气市场价格分析

全球天然气市场主要分为北美、欧洲和亚太三大市场。北美市场是高度竞争和全球最成熟的天然气市场，天然气价格完全由市场竞争形成。欧洲天然气市场正处于向竞争性市场过渡阶段，天然气价格主要采用与油价挂钩的定价机制。亚太市场中，日本和韩国作为 LNG 进口国，LNG 进口价格与日本进口原油综合价格（JCC）挂钩，其本国市场的天然气销售价格根据 LNG 进口成本的变化定期进行调整。

2.2.1 国际天然气市场价格整体情况及影响因素分析

2019 年，国际天然气市场价格呈现较为明显的下跌趋势，但区域差异较大。分区域来看，北美市场，以美国天然气进口价格为例，2019 年美国天然气进口价格呈现出较强的季节性波动特征。高峰期价格为 3.60 美元/mcf，低谷期为 1.74 美元/mcf，峰谷价格比达到 2.07。欧洲市场，以俄罗斯天然气出口价格为例，2019 年天然气价格下跌明显，由年初的 243.50 美元/（$10^3 m^3$）下降到年末的 185.90 美元/（$10^3 m^3$），降幅达到 23.70%，月均增速为－2.40%。亚洲市场，以日本天然气进口价格为例，受到经济增长减缓影响，2019 年日本进口 LNG 价格呈单边下跌走势，由年初的 12.01 美元/MMBtu 下降到年末的

10.06 美元/MMBtu，降幅达到 16.23%，月均增长率−1.60%。

从量价关系来看，一方面，受欧洲和亚太地区煤气转换和北美页岩气技术革新的推动，2019 年国际天然气生产量和消费量都有较往年有小幅增长，分别达到 3.99 万亿 m³ 和 3.92 万亿 m³。世界天然气贸易量稳中有升，2019 年同比增长 4.1%。国际天然气贸易日趋频繁为形成合理的天然气价格提供了流动性基础。另一方面，地区间的供需差异更加显著。北美天然气供给增加，美国和加拿大都在积极推动能源出口；亚太地区受经济增速下降影响，能源需求降低，抑制气价上涨；欧洲由于荷兰逐步退出天然气开采，气源发生变化，俄美争先扩大在欧洲市场份额，可能导致供给过剩。全球经济增长放缓和中美贸易摩擦持续的影响，全球天然气价格下降趋势不可避免，且短期波动可能会加剧。

2.2.2　北美天然气市场

作为北美地区最大的经济体，美国的天然气价格在本地区具有极强的代表性。2019 年，美国天然气进口量为 748 亿 m³，比 2018 年下降 3.2%，其中管道气进口为 733 亿 m³，占总进口量的 98.0%，LNG 进口量为 15 亿 m³，占总进口量的 2.0%。

整体来看，美国进口天然气价格的季节性特征较强，每年 11 月至次年 2 月价格较高，5−8 月价格较低，其他月份波动较大。分品种来看，进口管道天然气价格水平较低（2.38 美元/mcf），进口 LNG 价格水平较高（6.56 美元/mcf），两类天然气价格的季节性差异均较大。2019 年美国进口天然气价格走势如表 2−7 和图 2−7 所示。

表 2−7　　　　　　　2019 年美国进口天然气价格走势　　　　　　美元/mcf

时　　间	天然气进口价格	进口管道天然气价格	进口 LNG 价格
2019 年 1 月	4.30	3.55	9.36
2019 年 2 月	4.06	3.60	8.97

时　　间	天然气进口价格	进口管道天然气价格	进口 LNG 价格
2019 年 3 月	3.79	3.63	7.7
2019 年 4 月	2.14	1.97	7.32
2019 年 5 月	1.81	1.81	7.66
2019 年 6 月	1.54	1.54	8.44
2019 年 7 月	1.86	1.72	6.73
2019 年 8 月	1.73	1.63	4.57
2019 年 9 月	1.65	1.65	0.00
2019 年 10 月	2.15	1.96	4.65
2019 年 11 月	2.80	2.66	7.12
2019 年 12 月	3.23	2.84	6.17
全年均价	2.59	2.38	6.56
低谷期均价（5—8 月）	1.74	1.68	6.85
高峰期均价（1—2 月，11—12 月）	3.60	3.16	7.91
峰谷价格比	2.07	1.89	1.15

资料来源：美国能源信息局（Energy Information Administration）。

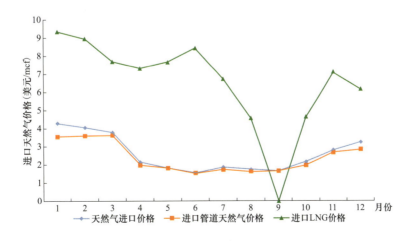

图 2-7　2019 年美国进口天然气价格走势

2.2.3　亚太地区天然气市场

以中国、日本、韩国为代表的亚太国家（地区）的天然气交易价格具有较强的关联性。受经济增长放缓，以及替代性能源发展较快等因素影响，亚太地区的天然气需求增速大幅下降。

以日本为例，2019 年，日本进口 LNG 价格呈现震荡下降趋势，月均增长率为−1.6%。主要由于 2019 年日本核电发电量增加，天然气发电需求大幅下降。同期 2019 年日本进口 LNG 价格走势如图 2-8 所示。

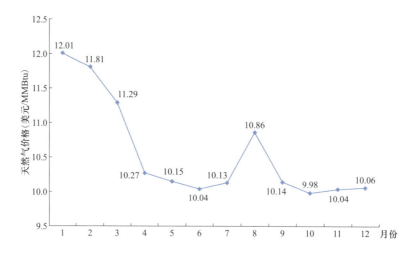

图 2-8　2019 年日本进口 LNG 价格走势

资料来源：世界银行，YCharts 数据库。

2.2.4　欧洲天然气市场

受荷兰天然气生产量下降影响，欧洲天然气消费对俄罗斯管道天然气依赖性日益增强，但也受到美国和中东等地 LNG 供给的影响。

从俄罗斯天然气出口价格来看，2019 年，俄罗斯出口天然气价格呈现持续下行的趋势，月均增长率为−2.4%。这主要是由于欧亚市场联动性增强，亚洲天然气进口量的减少直接导致欧洲市场供给量的大幅增加，直接拉低了俄罗斯气源的价格水平。2019 年俄罗斯出口天然气价格走势如图 2-9 所示。

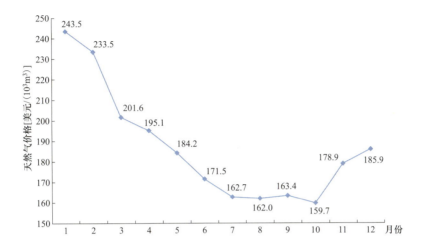

图 2-9　2019 年俄罗斯出口天然气价格走势

资料来源：俄罗斯联邦统计局，Wind 数据库。

2.3　工业用天然气价格分析

在数据可得的国家（地区）中，2019 年工业用天然气价格水平较高的分别是瑞士、芬兰、巴西和中国，其含税价格均在 50 美元/（MW·h）以上，价格水平较低的国家为加拿大、土耳其。中国工业用天然气含税价在本报告观测国家和地区中居于较高水平。

从工业用天然气价格税负情况来看，本报告观测的多数国家对天然气征收环境税（碳税），部分国家征收增值税，中国对天然气征收增值税。各国工业用天然气的税价[1]占含税价的比例大部分在 5.0%～20.0% 之间；较高的如丹麦和芬兰，分别达到 65.4% 和 35.8%；而像巴西、拉脱维亚、西班牙等国则不征收环境税或增值税。中国工业用天然气税价占含税价的比例为 9.1%，水平

---

[1]　工业用天然气税价主要包括环境税（碳税）、增值税或其他税等。

居中。

2019 年部分国家（地区）工业用天然气含税价格、不含税价格及税价构成如表 2-8 和图 2-10、图 2-11 所示。

表 2-8   2019 年部分国家（地区）工业用天然气含税价、

不含税价及税价构成   美元/（MW·h）

国家（地区）	不含税价格	环境税或其他	增值税	含税价格	税价占含税价比例（%）
瑞士	60.9	0.0	11.0	71.9	15.2
芬兰	39.8	22.2	0.0	62.1	35.8
巴西	52.8	0.0	0.0	52.8	0.0
中国	**46.0**	**0.0**	**4.6**	**50.6**	**9.1**
拉脱维亚	45.6	0.0	0.0	45.6	0.0
爱尔兰	40.9	4.1	0.0	45.1	9.2
斯洛文尼亚	40.3	1.8	0.0	42.2	4.4
丹麦	14.3	27.0	0.0	41.3	65.4
捷克	38.2	1.3	0.0	39.6	3.4
奥地利	32.7	6.5	0.0	39.2	16.7
西班牙	37.2	0.0	0.0	37.2	0.0
匈牙利	35.1	2.0	0.0	37.2	5.5
斯洛伐克	36.6	0.0	0.0	36.6	0.0
摩尔多瓦	31.3	0.0	2.5	33.8	7.4
波兰	31.4	0.0	0.0	31.4	0.0
土耳其	25.1	0.0	3.6	28.7	12.6
加拿大	6.6	2.8	0.5	10.0	33.3
平均	36.2	—	—	41.5	—

资料来源：1. 中国：Wind 数据库，41 个大中型城市工业天然气市场价（主流价）。

2. 其他国家：《World Energy Prices，2nd Quarter 2020》，IEA。

注   2019 年中国天然气销售增值税税率按 10%计算。

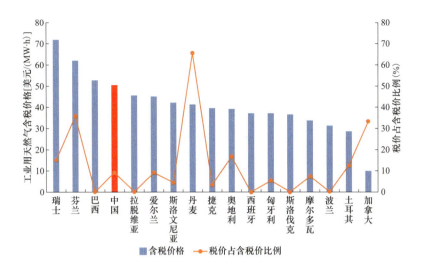

图 2-10   2019 年部分国家（地区）工业用天然气含税价格比较

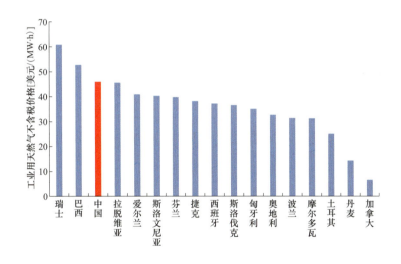

图 2-11   2019 年部分国家（地区）工业用天然气不含税价格比较

从总体变化趋势上看，2015—2019 年部分国家（地区）工业用天然气价格变化趋势地区间差异较大。

受供给量增大和经济疲软导致的需求减少影响，北美天然气市场工业用天然气价格持续波动。其中，美国工业用天然气价格到 2016 年达到低点，2017—2018 年价格有所上涨，2019 年又掉头向下。主要原因是在美国页岩气革命增加供给量的情况下，美国经济增长乏力，拉低了价格。加拿大工业用天然气价

55

格近年也呈现出下跌趋势。

2019 年欧洲国家工业用天然气价格涨跌互现。其中，土耳其工业用天然气价格增幅最高，达到 42.4%。这主要是因为土耳其电力发展倚重天然气，且天然气供应主要依靠进口，里拉的贬值增加了天然气进口成本。其他欧洲国家中，拉脱维亚、摩尔多瓦、西班牙、捷克、斯洛文尼亚等国天然气价格有不同程度上涨，涨幅在 10%~3% 之间。而亚美尼亚、丹麦、乌克兰、波兰、奥地利、瑞士、斯洛伐克等国的天然气价格则下降较多，跌幅普遍在 6% 以上。这主要是受亚欧天然气市场联动性增强影响，亚洲市场的过剩 LNG 流入欧洲市场，带动了整体价格下降。

在南美国家中，巴西 2019 年工业天然气价格同比大幅上涨 37.3%，也是受其国内通货膨胀、雷亚尔大幅贬值的影响。在亚太地区，天然气"亚洲溢价"现象依然存在。2019 年中国工业天然气价格呈现止跌回升的势头，结束了连续多年的下跌趋势，同比增长 5.8%。在中美贸易摩擦背景下，工业用天然气价格的上涨反映出中国生产制造等环节天然气较为稳定的市场需求。2015—2019 年部分国家（地区）工业用天然气价格及变化趋势如表 2-9、图 2-12 所示。

表 2-9　2015—2019 年部分国家（地区）工业用天然气价格趋势比较

本币/（MW•h）

国家（地区）	2015 年	2016 年	2017 年	2018 年	2019 年	年均增长率（%）	2019 年同比增长（%）
土耳其	88.8	86.6	80.3	114.6	163.2	16.4	42.4
巴西	148.9	133.7	129.6	151.8	208.4	8.8	37.3
拉脱维亚	38.4	30.7	32.5	37.3	40.7	1.5	9.3
摩尔多瓦	630.7	626.3	617.3	549.5	594.0	-1.5	8.1
西班牙	36.2	28.9	28.8	30.9	33.2	-2.2	7.4
捷克	1003.2	895.5	836.5	848.5	907.3	-2.5	6.9

续表

国家 （地区）	2015 年	2016 年	2017 年	2018 年	2019 年	年均增长率 （%）	2019 年同比增长 （%）
中国	349.8	338.7	329.1	320.6	339.1	− 0.8	5.8
斯洛文尼亚	41.8	35.4	33.8	36.4	37.7	− 2.5	3.5
爱尔兰	36.7	35.1	36.4	40.1	40.2	2.3	0.2
匈牙利	12 139.1	10 123.9	9110.4	10 799.2	10 799.2	− 2.9	0.0
芬兰	46.2	44.3	50.8	56.4	55.5	4.7	− 1.6
斯洛伐克	39.3	36.7	34.6	34.9	32.7	− 4.5	− 6.4
美国	12.9	11.6	13.5	13.9	12.8	− 0.2	− 7.7
瑞士	68.3	65.8	64.5	77.4	71.4	1.1	− 7.7
奥地利	45.4	41.7	36.1	38.2	35.0	− 6.3	− 8.4
加拿大	13.0	15.3	16.4	14.5	13.2	0.5	− 8.7
波兰	147.6	114.5	117.4	133.9	120.6	− 4.9	− 9.9
乌克兰	—	793.4	929.0	1158.2	1003.0	8.1	− 13.4
丹麦	310.7	253.3	287.7	330.1	275.4	− 3.0	− 16.6
亚美尼亚	12 427.3	12 141.9	10 829.0	10 888.8	5302.8	− 19.2	− 51.3

资料来源：1. 中国：Wind 数据库，41 个大中型城市工业天然气市场价（主流价）。

2. 其他国家：《World Energy Prices，2nd Quarter 2020》，IEA。

注　2019 年中国天然气销售增值税税率按 10％计算。

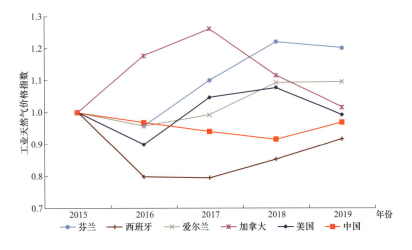

图 2 - 12　2015－2019 年部分国家（地区）工业用天然气价格变化趋势比较

2.4 居民用天然气价格分析

从居民用天然气含税价格来看，2019 年居民用天然气价格较高的国家是巴西、荷兰、瑞士和西班牙，价格均在 100 美元/（MW·h）以上；价格水平较低的国家分别为俄罗斯、阿根廷、亚美尼亚、加拿大和土耳其，价格均在 30 美元/（MW·h）以下。中国居民用天然气含税价格为 46.4 美元/（MW·h），处于居中水平，这与我国工业用天然气价格在国际上的相对水平明显不同。

从居民用天然气税负情况来看，与工业用天然气不同，居民用天然气普遍征收增值税，多数国家还要征收消费税，中国只征收增值税。各国居民用天然气税价❶占含税价的比例在 10%～40% 之间。在本报告观测的国家和地区中，税价占含税价比例较高的是荷兰、丹麦和瑞典，比例高达 40% 以上，较低的是加拿大和英国，均在 5% 以下。中国居民用天然气税价占含税价比例为 9.1%，税负水平较低，仅次于加拿大和英国，与韩国相当。

2019 年部分国家和地区居民用天然气含税价格、不含税价格及税价构成如表 2-10 和图 2-13、图 2-14 所示。

表 2-10　2019 年部分国家（地区）居民用天然气含税价、

不含税价及税价构成　　　　　　　　美元/（MW·h）

国家 （地区）	不含税价格	环境税或其他	增值税	含税价格	税价占含税价比例 （%）
巴西	138.8	0.0	0.0	138.8	0.0
荷兰	85.8	0.0	18.0	103.8	17.4
瑞士	77.8	17.9	7.4	103.0	24.5
西班牙	80.6	2.6	17.5	100.7	20.0

---

❶　居民用天然气税价主要包括消费税、增值税或商品及服务税等。

国家 （地区）	不含税价格	环境税或其他	增值税	含税价格	税价占含税价比例 （%）
爱尔兰	70.6	4.1	10.1	84.8	16.8
奥地利	56.8	6.5	12.7	76.0	25.3
德国	57.7	6.2	12.1	76.0	24.1
捷克	57.1	0.0	12.0	69.0	17.4
斯洛文尼亚	50.1	1.9	11.5	63.5	21.0
韩国	51.4	0.0	5.1	56.6	9.1
英国	53.3	0.0	2.7	55.9	4.8
斯洛伐克	45.4	0.0	9.1	54.5	16.7
拉脱维亚	43.0	1.8	9.4	54.2	20.8
中国	**41.8**	**0.0**	**4.6**	**46.4**	**10.0**
匈牙利	30.5	0.0	8.2	38.7	21.3
美国	35.2	0.0	0.0	35.2	0.0
摩尔多瓦	31.0	0.0	2.5	33.5	7.4
乌克兰	31.4	0.0	0.0	31.4	0.0
土耳其	22.5	0.0	4.0	26.5	15.3
加拿大	21.9	2.8	1.2	26.0	15.7
亚美尼亚	26.0	0.0	0.0	26.0	0.0
阿根廷	20.7	0.0	4.3	25.0	17.4
俄罗斯	9.0	0.0	0.0	9.0	0.0
平均	**49.5**	—	—	**58.0**	—

资料来源：1. 中国：Wind 数据库，41 个大中型城市工业天然气市场价（主流价）。

2. 其他国家：《World Energy Prices，2nd Quarter 2020》，IEA。

注 2019 年中国天然气销售增值税税率按 10% 计算。

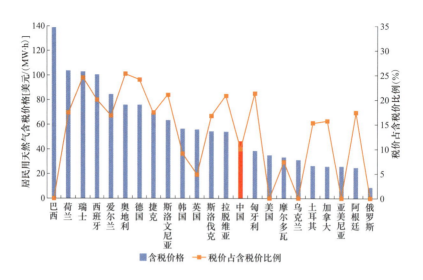

图 2-13　2019 年部分国家（地区）居民用天然气含税价格比较

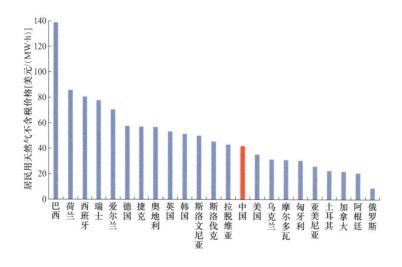

图 2-14　2019 年部分国家（地区）居民用天然气不含税价格比较

从总体变化趋势上看，2015—2019 年，大部分国家（地区）居民用天然气价格呈现先降后升的趋势。其中，欧洲地区的土耳其、荷兰、乌克兰、西班牙等国居民用天然气价格回升较快，拉脱维亚、捷克、德国、瑞士、波兰等国的天然气价格也涨幅明显；仅亚美尼亚和奥地利保持了下降趋势。北美地区居民用天然气价格也有小幅回升，2019 年美国天然气价格涨幅为 1.5%，加拿大为 2.6%。亚太地区居民用天然气价格也呈现上涨态势，2019 年韩国居民用天然气价格止跌回升 3.8%，印度则微涨 1.5%。中国居民用天然气价格保持上涨趋势，2019 年涨幅较大，同比增长 9.3%。

从国际经验来看，居民用天然气价格高于工业用气价格是普遍趋势，但中国居民用气价格长期低于工业用气，2019 年居民用气价格比工业用气价格低 10% 左右。近年来，随着居民用气价格的上涨，这种差距呈现逐渐缩小的趋势，未来工业用气和居民用气价格"交叉补贴"问题得到一定程度缓解。2015—2019 年部分国家（地区）居民用天然气价格及变化趋势如表 2 - 11、图 2 - 15 所示。

表 2 - 11　　2015—2019 年部分国家（地区）居民用天然气价格比较

本币元/（MW·h）

国家（地区）	2015 年	2016 年	2017 年	2018 年	2019 年	年均增长率（%）	2019 年同比增长（%）
阿根廷	33.1	209.9	307.4	692.1	1203.3	145.5	73.9
巴西	430.7	430.4	406.8	422.8	547.5	6.2	29.5
土耳其	111.0	112.4	109.3	124.1	150.6	10.3	21.4
荷兰	74.0	75.3	75.5	80.5	92.8	5.8	15.2
乌克兰	—	668.6	673.1	733.6	812.5	6.7	10.8
西班牙	88.6	80.2	83.1	81.9	89.9	0.4	9.9
摩尔多瓦	663.9	657.7	644.3	537.9	588.8	−3.0	9.5
中国	**239.7**	**273.1**	**280.2**	**284.7**	**311.0**	**6.7**	**9.3**
拉脱维亚	53.8	45.6	42.1	44.9	48.4	−2.6	7.9
捷克	1646.9	1568.8	1530.1	1519.6	1583.1	−1.0	4.2
德国	70.6	68.6	66.4	65.3	67.9	−1.0	4.0
瑞士	96.8	96.2	93.4	98.5	102.4	1.4	3.9
韩国	71 970.5	63 848.5	65 758.8	63 519.2	65 942.9	−2.2	3.8
波兰	224.8	198.6	191.6	193.1	198.7	−3.0	2.9
加拿大	34.3	34.1	34.7	33.6	34.5	0.1	2.6

续表

国家（地区）	2015 年	2016 年	2017 年	2018 年	2019 年	年均增长率（%）	2019 年同比增长（%）
斯洛伐克	52.3	47.2	45.1	47.5	48.7	−1.8	2.6
斯洛文尼亚	62.7	58.1	53.9	55.3	56.7	−2.5	2.6
俄罗斯	499.1	526.4	546.2	571.6	584.8	4.0	2.3
爱尔兰	72.6	72.2	69.5	74.6	75.8	1.1	1.6
美国	34.2	33.2	35.9	34.6	35.2	0.7	1.5
印度	16.3	16.2	17.7	19.0	19.3	4.3	1.5
英国	48.2	44.1	43.2	43.8	43.8	−2.4	0.0
匈牙利	11 129.8	11 002.1	11 202.9	11 242.4	11 242.4	0.3	0.0
亚美尼亚	14 558.7	14 147.6	12 741.4	12 776.0	12 482.7	−3.8	−2.3
奥地利	70.8	67.5	69.6	70.0	67.9	−1.0	−2.9

资料来源：1. 中国：Wind 数据库，41 个大中型城市工业天然气市场价（主流价）。

2. 其他国家：《World Energy Prices，2nd Quarter 2020》，IEA。

注 2019 年中国天然气销售增值税税率按 10％计算。

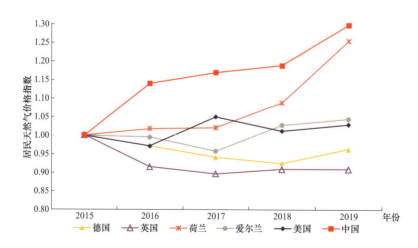

图 2-15　2015—2019 年部分国家（地区）居民用天然气价格变化趋势比较

2.5　国际天然气现货价格展望

2020—2021 年，预计全球天然气价格仍将维持下降趋势，北美地区价格继续低位波动，亚太地区和欧洲地区市场联动性增强，预计价格将出现不同程度下跌。整体来看，受全球经济增长放缓和新冠肺炎疫情持续扩散影响，天然气消费增长有限，而供给相对过剩，天然气价格将在未来一段时间持续承压。

具体而言，北美地区天然气需求增长有限，受技术进步引发的供给增加影响，价格将继续维持低位，其价格波动主要受秋冬季节气温变动影响。亚太地区受全球经济增长放缓和中美贸易冲突波及，需求增长有限，供大于求局面预计将长期持续；但中国经济在疫情后的迅速恢复，以及国内环保压力的稳定增强，为天然气价格提供了一定支撑。综合来看，亚太地区天然气价格将小幅下跌，但整体水平依然处于高位，"亚洲溢价"现象短时间难以消失。欧洲地区和亚太市场的联动性预计会继续增强，亚太地区过剩的天然气供给会对欧洲市场造成冲击，加上美国页岩气供应商大力拓展欧洲市场，欧洲天然气供给量将持续增加，天然气价格预计呈现震荡下跌的趋势。

从中国市场来看，虽然全球天然气价格持续下降，但疫情后中国经济复苏速度超过市场预期，大量海外订单也因疫情原因向国内转移，叠加环保政策长期趋严等因素，天然气需求增长稳定，工业用天然气价格预计持续反弹；同时居民用天然气价格预计也将小幅上涨，未来工业用和居民用天然气价差距将持续缩小。

2.6　小结

本章从天然气生产消费、国际天然气市场价格、国内外工业用天然气价格和居民用天然气价格等几个方面进行了系统梳理，并对未来两年国际天然气现货价格进行了展望。

2019 年，国际天然气市场进口价格呈现下降趋势。区分用气类型来看，在可获得数据的国家中，2019 年约半数国家工业用气价格和居民用气价格同比均呈现下降趋势，主要是全球经济增长放缓和天然气供给增加的影响。2019 年，中国工业天然气价格在世界上处于较高水平，民用天然气价格处于中等偏低水平。2015－2019 年，中国工业用气价格在连续多年下降后，出现触底回升迹象，2019 年同比增长 5.8％；中国居民用气价格逐年上升，年均增长率为 6.7％，但仍处于全球较低水平。展望 2020－2021 年，受全球经济增长放缓和新型冠状病毒疫情持续扩散影响，天然气供大于求格局将延续。预计天然气价格仍将维持下降趋势。

3

煤炭价格分析

3.1 煤炭的生产、消费与贸易

3.1.1 煤炭的生产和消费

2019 年，世界煤炭产量 39.94 亿 t 石油当量，其中，中国煤炭产量 19.02 亿 t 石油当量，约占全球煤炭产量的 47.6%，位居世界各国之首。与 2018 年相比，2019 年世界煤炭产量上升 1.5%，中国上升 4.2%。2015—2019 年，世界煤炭产量年均增长 0.9%，中国增速略高，年均增长 1.1%。

2019 年，世界煤炭消费量 37.67 亿 t 石油当量，在能源消费量中占比为 27.0%，中国煤炭消费 19.49 亿 t 石油当量，占全球煤炭消费量的 51.7%，在世界各国中排列第一。与 2018 年相比，2019 年世界煤炭消费量下降 0.6%，而中国上升 2.3%。2015—2019 年，世界煤炭消费量年均几乎无增长，中国年均消费量增长 0.5%。

3.1.2 煤炭贸易

2019 年，我国全年进口煤炭 29 967 万 t，同比增长 6.6%，出口煤炭 603 万 t，同比增长 22.1%，煤炭进出口继续呈现两极分化的趋势，全年维持净进口格局，净进口煤炭 29 374 万 t。

从进口情况看，我国煤炭进口量 1 月（3350 万 t）最高，12 月（277 万 t）最低。印度尼西亚为我国最大煤炭进口国，澳大利亚、蒙古、俄罗斯、美国等紧随其后，详见图 3-1 及表 3-1。

从出口情况看，我国煤炭出口量 9 月（23.8 万 t）最低，11 月（79.2 万 t）最高。主要出口地区为日本、韩国、马来西亚和印度等地，详见图 3-1 及表 3-1。

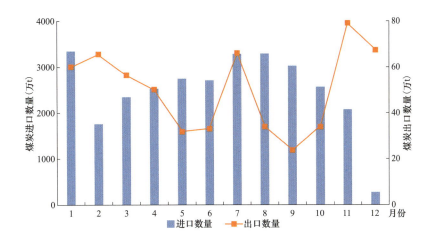

图 3-1 2019 年我国各月煤炭进出口数量

资料来源：中国煤炭市场网。

表 3-1   2019 年我国主要煤炭进出口国（地区）情况

	对外进出口国家（地区）	煤炭量（万 t）	价格（美元/t）
进口	印度尼西亚	13 761.7	49.4
	澳大利亚	7709.3	121.5
	蒙古	3635.0	85.4
	俄罗斯	3224.4	84.0
	美国	111.8	141.1
	日本	20.9	238.8
出口	日本	293.0	183.5
	韩国	248.4	168.1
	马来西亚	171.3	236.4
	印度	107.3	268.2
	印度尼西亚	99.1	171.4

资料来源：中国煤炭市场网。

3.2　国内外煤炭市场价格

3.2.1　中国国内煤炭市场价格

2019 年，我国煤炭市场受季节性气候变化、长协煤合同价格机制落实、产地环保安监、中美贸易摩擦、汇率波动等影响，价格总体走势表现为上行回落后持续下跌。

（一）中国市场交易煤平均价格

2018—2019 年全国市场交易煤平均价格走势如图 3-2 所示。其中，2019 年价格表现为前期小幅上扬之后连续下行，全年下降 39.5 元/t。上半年，价格小幅上涨后转为持续下跌，1—2 月，我国大部分地区维持低温天气，火电发电量和电厂煤耗均有增长，带动市场交易煤价格上扬，由 1 月的 680.9 元/t 上涨到 2 月的 688.2 元/t。3—6 月，随着气温逐步升高，取暖用煤需求下降，下游电厂库存维持在相对高位，采购需求维持弱势，影响价格从 3 月的 682.6 元/t 持续下降到 6 月的 670.5 元/t。下半年，价格持续走低，7—12 月，进入 7 月后，虽为需求旺季，但受强降雨、水电高发的影响，煤炭需求不及预期，9 月后，国内煤炭市场需求趋缓，供应宽松，全社会存煤总体处于较高水平，价格稳中有降，煤炭市场弱势运，价格从 7 月的 663.7 元/t 下降到 12 月的 641.4 元/t。

（二）秦皇岛动力煤价格

2018—2019 年我国典型交易日秦皇岛动力煤平仓价格如表 3-2 所示。其中，2019 年价格走势表现为前期反弹上涨之后连续弱势下跌。上半年，1—4 月，煤炭市场持稳运行，下游开工补库需求释放，加上产地安全检查力度加大，影响山西优混、山西大混、普通混煤平仓价格分别由 1 月的

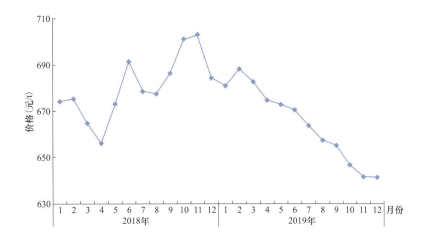

图 3-2　2018－2019 年全国市场交易煤各月平均价格

资料来源：中国煤炭市场网。

580、501、448 元/t，上涨到 4 月的 627、531、467 元/t，达到全年最高或次高。5－6 月，动力煤市场整体弱势运行，下游电厂库存高企日耗低迷，同时，煤炭优质产能加快释放，进口量仍然处于高位，供求关系总体相对平衡下略显偏松，煤炭价格弱势调整。价格 6 月分别走低至 590、507、434 元/t。下半年，7－8 月，7 月气温继续升高，电煤季节性消费增加，影响动力煤价格略有反弹，8 月全国高温天气减少，电力企业以接受长协煤为主，电煤库存仍保持历史高位，煤炭需求继续走弱，影响价格再次走低，分别降到 573、499、439 元/t。9－10 月，动力煤价格相对平稳，由于部分主产省区煤炭产量下降，导致价格出现波动，9 月价格略有上涨，10 月在大秦线检修全面结束以后，市场回归常态，港口市场交易进入淡季，需求下降，导致价格在 10 月分别降低为 575、505、450 元/t。11－12 月，市场交易以长协煤为主，综合成交价稳定运行。动力煤市场总体依然偏弱，但随着对主产地矿区安全检查力度进一步加强，停产减产现象增多，影响动力煤价格形成波动，12 月相应价格分别为 543、480、435 元/t。全年价格走势如图 3-3 所示。

表 3-2　　　　　2018－2019 年典型交易日秦皇岛动力煤平仓价格　　　　元/t

交易日	山西优混	山西大混	普通混煤
2018 年 1 月 15 日	757	731	653
2018 年 2 月 14 日	762	737	668
2018 年 3 月 15 日	663	638	663
2018 年 4 月 13 日	590	565	479
2018 年 5 月 15 日	643	618	529
2018 年 6 月 15 日	716	691	605
2018 年 7 月 16 日	693	668	586
2018 年 8 月 15 日	649	624	539
2018 年 9 月 14 日	653	628	550
2018 年 10 月 15 日	688	663	594
2018 年 11 月 15 日	651	626	556
2018 年 12 月 17 日	631	606	531
2019 年 1 月 15 日	580	501	448
2019 年 2 月 15 日	600	523	468
2019 年 3 月 15 日	623	531	470
2019 年 4 月 15 日	627	531	467
2019 年 5 月 15 日	614	522	455
2019 年 6 月 17 日	590	507	434
2019 年 7 月 15 日	595	514	443
2019 年 8 月 15 日	573	499	439
2019 年 9 月 16 日	581	511	455
2019 年 10 月 15 日	575	505	450
2019 年 11 月 15 日	545	478	431
2019 年 12 月 16 日	543	480	435

资料来源：中国煤炭市场网。

注　热值分别为山西优混（5500kcal/kg）、山西大混（5000kcal/kg）、普通混煤（4500kcal/kg）。

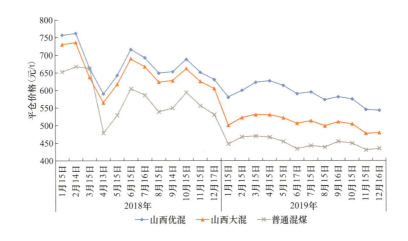

图 3 - 3　2018－2019 年典型交易日秦皇岛 3 种动力煤价格变动趋势

资料来源：中国煤炭市场网。

（三）中国电煤价格指数水平

2018－2019 年全国电煤价格指数对应的价格走势如图 3 - 4 所示。2019 年我国电煤价格指数显示出波动下行的变化态势。上半年，1－2 月，电力运行基本平稳，由于部分电厂的补库存需求，电煤价格略有上行，由 1 月的 511.0 元/t，略涨到 2 月的 511.3 元/t，达到全年最高值。3－6 月，由于下游电厂库存处在相对高位，市场对电煤采购意愿不强，3、4 月电煤价格下滑，降到 495.3 元/t，5 月受迎峰度夏季节性用煤旺季逐渐临近的影响，电煤价格上行到 499.1 元/t，进入 6 月，国内煤炭产量大幅增加，进口量仍然处于高位，电煤供应高于日耗，电力企业库存增加，采购意愿降低，电煤价格再次下行。下半年，7－8 月，虽然大部分地区进入高温天气，电煤耗用水平有所升高，但受强降雨、水电高发的影响，加上煤炭产量与进口量依然维持大幅增加，导致电煤煤炭市场弱势运行，电煤价格持续下降，8 月达到 486.8 元/t。9－10 月，国内工业生产情况总体良好，对煤炭需求的拉动力度较为稳健，火电发电量同比较快增长，受"十一"假期影响，安全、环保检查趋严，主产地煤炭出矿价格稳中有升，影响电煤价格上行，到 10 月价格上涨到 492. 元/t，11－12 月，受到年度煤炭交易会的影响，各方等待观望情绪较为浓厚，同时电厂高库存状态也限制了采购的积极性，价格继续承压下行，到 12 月跌至 477.6 元/t，为全年最低。

分省区看，2019 年，广西（688.1 元/t）、江西（656.7 元/t）、湖南（633.4 元/t）、湖北（597.5 元/t）、重庆（592.0 元/t）等省区平均电煤价格较高，而新疆（254.0 元/t）、蒙东（266.8 元/t）、蒙西（278.1 元/t）、山西（352.1 元/t）、宁夏（359.7 元/t）等省区平均电煤价格较低。其中，年内波动幅度较大的是河南、四川、吉林、青海和云南等省，河南波动幅度最大，达104.7 元/t；浙江、江西、上海、蒙西和安徽等省区年内电煤价格波动较小，其中浙江波动最小，仅有 26.2 元/t，电煤价格指数分省变化情况如表 3 - 3 所示。

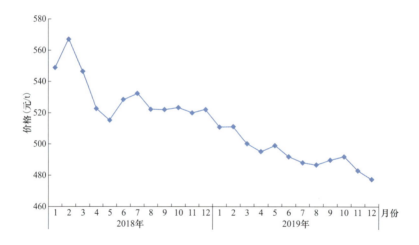

图 3 - 4　2018－2019 年全国电煤价格指数

资料来源：中国煤炭市场网。

表 3 - 3　　　　　　**2019 年全国及分省（区）电煤价格指数表**　　　　　元/t

地区	1 月	2 月	3 月	4 月	5 月	6 月	7 月	8 月	9 月	10 月	11 月	12 月
全国	511.0	511.3	500.3	495.3	499.1	492.0	488.1	486.8	489.9	492.0	483.1	477.6
天津	536.0	510.3	490.9	490.4	494.8	480.1	491.5	485.7	485.1	483.0	474.7	472.5
山西	372.3	373.2	372.5	352.9	350.1	350.6	349.3	351.3	349.1	344.5	336.1	324.3

续表

地区	1月	2月	3月	4月	5月	6月	7月	8月	9月	10月	11月	12月
冀南	513.4	512.7	502.6	486.7	486.5	484.4	484.5	479.8	474.4	471.7	467.5	461.7
冀北	486.7	476.7	471.8	460.4	457.3	447.4	452.8	454.1	454.8	453.8	456.3	456.5
蒙东	254.8	251.3	253.3	255.3	258.1	261.4	271.2	281.5	287.7	274.0	273.9	278.7
蒙西	277.4	272.3	271.8	273.2	272.7	264.0	263.9	279.6	286.4	292.1	293.6	290.6
黑龙江	534.1	528.7	526.9	504.5	496.6	489.8	505.7	533.2	537.2	540.5	539.1	536.3
吉林	577.4	560.6	525.5	510.3	491.7	503.1	527.8	566.2	567.8	556.8	551.4	548.1
辽宁	559.1	555.2	546.1	543.0	519.9	521.9	530.1	538.4	542.2	545.9	539.1	542.8
上海	537.1	527.9	522.1	541.3	538.9	525.7	533.4	529.7	533.2	520.0	512.6	522.6
江苏	561.5	549.1	547.5	548.9	548.3	541.1	535.7	535.7	533.6	535.0	530.5	528.7
浙江	587.4	579.0	593.1	589.4	590.8	588.1	590.2	584.7	582.3	571.4	569.8	566.9
安徽	595.9	592.1	590.7	588.9	592.2	590.4	589.5	584.4	581.2	574.2	567.8	565.1
福建	558.8	567.4	543.9	540.3	542.2	546.6	542.7	532.1	534.7	532.0	526.6	537.8
江西	672.2	671.4	661.0	663.6	660.3	653.7	654.3	646.5	644.1	649.1	651.8	652.2
河南	584.9	578.9	564.8	543.9	530.1	530.0	520.4	509.0	504.1	499.3	488.9	480.2
山东	598.3	582.2	573.9	563.6	558.0	557.9	562.0	553.6	551.3	547.2	538.3	533.7
湖南	662.2	659.7	643.6	625.5	631.7	642.1	643.1	628.0	625.4	616.6	613.2	609.2
湖北	639.4	618.7	610.3	596.5	592.3	604.2	590.9	588.2	586.1	583.7	579.3	579.8
陕西	446.8	450.4	449.6	433.3	436.7	420.2	426.1	404.6	396.6	393.9	386.0	384.9
甘肃	501.3	504.9	495.2	467.7	440.2	457.8	446.0	449.0	460.6	463.0	464.4	476.4
四川	654.0	635.6	613.1	589.9	573.1	584.1	580.1	567.9	567.8	570.3	569.7	565.1
重庆	609.1	599.5	593.4	589.9	597.1	607.3	585.6	589.1	569.6	614.0	582.4	566.6
宁夏	372.1	372.9	378.7	361.3	357.3	351.1	347.4	353.2	358.5	362.0	353.1	349.3
青海	547.6	549.3	559.1	557.9	540.0	477.6	488.5	505.8	509.9	529.6	542.8	537.1

续表

地区	1月	2月	3月	4月	5月	6月	7月	8月	9月	10月	11月	12月
广东	600.2	579.4	579.6	585.8	578.0	566.8	569.7	564.5	565.0	562.9	555.1	556.7
广西	701.7	678.2	679.1	688.1	706.5	705.6	675.6	674.1	688.1	682.3	685.6	691.9
云南	523.5	522.0	479.0	456.7	489.4	442.4	487.8	505.4	498.1	457.7	442.2	453.4
贵州	507.8	504.0	504.4	503.1	498.0	481.1	476.8	479.1	485.1	488.6	492.8	488.8
海南	502.9	491.9	496.2	503.1	486.8	510.7	499.3	510.9	492.4	505.3	520.5	548.1
新疆	266.2	259.3	249.6	249.9	229.8	231.9	248.4	262.6	268.5	258.7	257.9	263.8

资料来源：国家发展改革委价格监测中心。

3.2.2 中国进口煤炭价格

2018－2019年，我国进口煤炭平均价格走势如图3-5所示。其中，2019年，整体呈现出明显震荡走势，全年最大价差为16.0美元/t，平均价为78.1美元/t，同比下降9.5%。上半年，1月国内气温普遍下降，耗煤需求有所增加，再加上国内矿难造成安全检查严格，国内煤炭供应受到影响，进口煤需求增加，进口煤炭价格较2018年底水平有明显上涨，进口价为83.5美元/t，为全年最高值。2月正值中国春节假期，工厂纷纷停产，耗煤需求暂缓，春节过后国内终端库存基本充足，进口煤需求有限，进口煤炭价格急剧降低，降为67.5美元/t，为全年最低值。3－4月，受部分地区煤矿安全检查趋严、煤管票限制与省内需求旺盛影响，煤炭进口规模加大，影响进口价格呈上涨态势，价格连续上行到4月的81.7美元/t。到5月，适逢劳动节假期，需求有限，加上中美相互加征关税后导致贸易摩擦升级，美元兑人民币汇率持续贬值以及政策调整不明朗等因素影响，进口煤市场情绪也受到一定影响，进口价格下降至74.0美元/t。到6月，经济基本面对煤炭消费拉动力度有所增强，进口量仍然处于高位，进口价格又上升到81.3美元/t。下半年，7－9月，由于国内终端库存高企，进口煤政策趋严，人民币持续贬值以及国内电厂耗煤下降等因素影响，进口煤采购需求支撑偏弱，影响进口煤价连续小幅下行。10月，国内市场交易进入淡季，需求下降，沿海多数电厂采取以长协煤为主、进口煤为辅的操作模式，进口规模下降，进口煤价降至69.8美元/t。11月，随着气温下降，电厂耗煤量有所上升，且主产地安全检查政策趋紧，对进口煤炭起到一定支撑，价格反弹升至77.0美元/t。到12月，国内煤炭供需整体表现较为均衡，进口煤需求有限，电厂高库存状态限制了采购积极性，进口煤炭价格再次下跌，降至70.0美元/t。

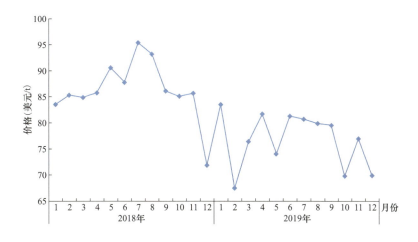

图3-5　2018—2019年我国煤炭进口价格变动趋势

资料来源：中国煤炭市场网。

3.2.3　亚太地区煤炭市场价格

2018—2019年澳大利亚纽卡斯尔港动力煤价格走势如图3-6所示。其中，2019年，亚太地区煤炭市场价格主要受中国进口煤需求、港口电厂库存、中美贸易摩擦、汇率波动等因素影响，表现为前期持续下跌，后期波动下行。

以澳大利亚纽卡斯尔港动力煤现货价格为例，2019年全年下降32.5美元/t。上半年，1—6月，受中国市场港口库存高位、电厂库存充足、中美相互加征关税导致贸易摩擦升级、美元兑人民币汇率持续贬值，以及政策不明朗等影响，中国进口煤市场情绪受到一定影响，进口煤需求较弱，影响国际动力煤市场需求减少，纽卡斯尔港动力煤价格持续下降，由 1 月的 98.9 美元/t 下行到 6 月的 71.8 美元/t。下半年，进入 7 月，在中美贸易谈判恢复后，中国市场增加了对澳大利亚煤炭的进口采购，推动纽卡斯尔港动力煤价格小幅反弹，达到 72.7 美元/t，8－10 月，受中国电厂库存高企、进口煤政策趋严，需求转弱，以及人民币贬值、国内电厂耗煤降低，再加上国际海运费持续上涨等因素，影响澳大利亚煤炭需求支撑偏弱，8 月价格出现下跌，下降到 65.1 美元/t，为全年最低，后续由于中国进口煤政策转为宽松，以及进口煤存在价差优势，中国市场对进口煤购买意向加强。影响纽卡斯尔港动力煤价格连续小幅反弹，到 10 月上行至 68.0 美元/t。11－12 月，由于中国煤炭供需整体较为均衡，下游终端库存充裕，进口煤需求有限，影响纽卡斯尔港动力煤价格转而走低，到 12 月下降到 66.4 美元/t。

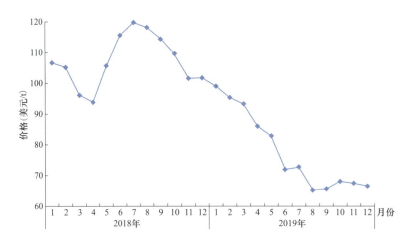

图 3-6　2018－2019 年澳大利亚纽卡斯尔港动力煤价格走势

3.2.4　大西洋地区煤炭市场价格

2018－2019 年大西洋地区煤炭市场价格走势如图 3-7 所示。其中，2019 年，主要受印度煤炭市场需求、欧洲市场煤炭库存、天然气价格波动、部分港口和铁路运力受限，以及亚太市场价格传导等因素影响，南非理查德港动力煤现货价格和欧洲三港动力煤现货价格均整体下行，表现出前期一致下跌，后期震荡分化。

南非理查德港动力煤现货价格和欧洲三港动力煤现货价格，2019年分别下降8.5美元/t和27.7美元/t。上半年，1—6月，印度煤炭市场对进口南非煤需求较弱，欧洲地区工厂库存充足，补库需求有限，同时由于天然气价格比动力煤价格有优势，电厂采购动力煤需求疲软，影响南非理查德港动力煤现货价格和欧洲三港动力煤现货价格，形成持续下降走势，分别由1月的91.0美元/t和81.1美元/t，下行到6月的63.3美元/t和49.9美元/t。下半年，7月，由于南非主要运煤铁路线路检修，南非煤供应偏紧，加之印度采购需求有所增加，欧洲地区出现连续高温，导致发电用煤需求增加，再加上天然气价格上涨，推升南非理查德港和欧洲三港动力煤现货价格分别上涨到64.9美元/t和58.5美元/t。8月，受亚太动力煤市场转弱，南非煤主要出口国印度和巴基斯坦需求较为有限，欧洲地区天然气价格下降，港口库存高位等影响，南非理查德港和欧洲三港动力煤现货价格均有小幅下调，分别达到59.4美元/t和53.5美元/t。9—10月，印度市场在季风之后开始补库存，尤其是采购南非煤数量有所增加，支撑南非海运煤市场情绪向好，同时，法国核电供应出现问题，欧洲地区耗煤需求有所增加，欧洲三港动力煤库存有所减少，推升南非理查德港和欧洲三港动力煤现货价格分别涨到10月的67.6美元/t和59.4美元/t。11—12月，南亚地区对南非煤仍有一定的进口需求，促使南非理查兹港煤价上行。而欧洲地区天然气供应充足，价格比动力煤更有优势，叠加英国脱欧不确定性对外部经济环境的影响，导致欧洲三港煤价小幅下降。形成南非理查德港和欧洲三港动力煤现货价格走势分化，南非理查德港动力煤现货价格，12月涨至82.4美元/t，而欧洲三港动力煤现货价格下跌至53.4美元/t。

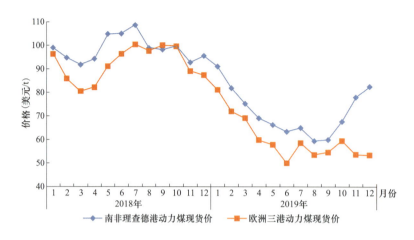

图 3-7 2018－2019 年南非理查德港和欧洲三港动力煤价格走势

3.2.5 国内外煤炭价格及其变化趋势的比较

2018－2019 年，我国环渤海煤炭标煤价格与澳大利亚纽卡斯尔港动力煤价格对比如图 3-8 所示。其中，2019 年，受我国中长期合同稳定兑现影响，除 1 月外，我国环渤海煤炭价格均高于澳大利亚纽卡斯尔港动力煤现货价格。从水平看，环渤海煤炭价格与澳大利亚纽卡斯尔港动力煤价格相比，8 月价差最大为 225.3 元/t，1 月差最小，价格倒挂 19.7 元/t。从走势看，环渤海煤炭价格走势平稳，而澳大利亚纽卡斯尔港动力煤现货价格变化波动较大，1－6 月，中国对澳大利亚动力煤采购偏弱，并启用进口煤限制政策，纽卡斯尔港动力煤现货价格持续承压下行，环渤海煤炭与纽卡斯尔港动力煤相比，由 1 月价差倒挂，转为 6 月价差高出 185.3 元/t；7 月，受中国增加对澳大利亚煤炭采购，人民币汇率持续升值，进口煤到岸成本有所减少等影响，澳大利亚纽卡斯尔港动力煤现货价格略有上涨，价差有所回落；8－10 月，纽卡斯尔港动力煤现货价格在 8 月下跌后，持续反弹；到 10 月价差收缩至 200.5 元/t；11－12 月，中国煤炭市场供需整体较为均衡，进口煤需求有限，煤价缺乏大幅上涨的条件，影响环渤海煤炭标煤价格与澳大利亚纽卡斯尔港动力煤价格走势下行，价差进一步趋于缩小，到 12 月价差为 183.2 元/t。

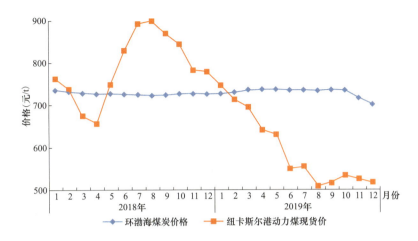

图 3-8 我国环渤海煤炭与纽卡斯尔港动力煤现货价格走势对比

3.3 动力煤价格分析

2019 年，部分国家（地区）动力煤价格如表 3-4 所示，含税价格水平在 68.4～311.9 美元/t 之间，芬兰居首，其次是奥地利、比利时等国，美国、土耳其和波兰水平较低。

2015—2019 年，部分国家（地区）动力煤价格水平如表 3-5 所示，价格指数变化如图 3-9 所示。从变化趋势看，价格增速较大的有土耳其、比利时，芬兰和奥地利，土耳其最大年均增长 18.0%，瑞士和英国价格增速较缓，美国表现为下降走势，年均降低 2.4%。

表 3-4　　　　2019 年部分国家（地区）动力煤价格及税价情况　　　　美元/t

国家（地区）	不含税价格	消费税	增值税	含税价格
芬兰	85.6	226.3	—	311.9
奥地利	153.7	56.1	—	209.7
比利时	126.6	—	—	126.6
英国	113.7	8.8	—	122.4
日本	108.7	12.5	—	121.2
瑞士	96.6	—	—	96.6

续表

国家（地区）	不含税价格	消费税	增值税	含税价格
波兰	—	—	—	83.5
土耳其	64.2	—	11.6	75.8
美国	—	—	—	68.4
平均	—	—	—	**135.1**

资料来源：《Energy Prices and Taxes，2nd Quarter 2020》，IEA。

表 3 - 5　　　2015－2019 年部分国家（地区）动力煤价格水平　　　本币元/t

国家（地区）	2015 年	2016 年	2017 年	2018 年	2019 年	年均增长率（%）
土耳其	219.9	235.6	256.3	374.0	425.8	18.0
比利时	83.8	79.7	124.7	120.5	112.9	7.7
芬兰	221.7	243.3	279.4	293.7	278.1	5.8
奥地利	153.1	150.4	192.8	150.6	187.0	5.1
波兰	264.3	236.6	286.6	333.3	320.6	4.9
日本	11 678.0	10 003.0	13 515.9	14 335.6	13 237.1	3.2
英国	90.5	74.5	79.7	94.4	96.1	1.5
瑞士	95.0	89.5	95.1	114.5	96.0	0.2
美国	75.2	71.6	70.3	69.8	68.4	− 2.4

资料来源：《Energy Prices and Taxes，2nd Quarter 2020》，IEA。

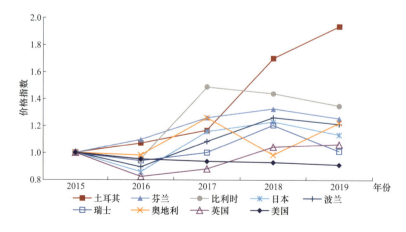

图 3 - 9　2015－2019 年部分国家（地区）动力煤价格指数值变化趋势

3.4　发电用煤价格分析

2019 年，部分国家（地区）电煤价格如表 3-6 所示，不同国家间发电用煤价格差别较大。由于煤炭资源缺乏，德国、奥地利电煤价格均高于 90.0 美元/t，德国水平最高，为 112.5 美元/t；土耳其、美国由于煤炭资源储量丰富，电煤价格偏低，分别为 24.0 美元/t 和 46.3 美元/t。中国电煤受签订电煤长协价格等影响，水平维持高位，为 100.2 美元/t。

表 3-6　　　　　**2019 年部分国家（地区）电煤价格及税价情况**　　　　　美元/t

国家（地区）	不含税价格	消费税	增值税	含税价格
德国	112.5	—	—	112.5
中国	**87.6**	**—**	**12.6**	**100.2**
奥地利	91.8	—	—	91.8
芬兰	85.6	—	—	85.6
英国	77.4	—	—	77.4
智利	75.9	—	—	75.9
波兰	69.2	—	—	69.2
葡萄牙	57.6	4.4	0.0	61.9
墨西哥	54.3	—	—	54.3
美国	—	—	—	46.3
土耳其	20.3	—	3.7	24.0
平均	—	—	—	**72.6**

资料来源：1. 国外：《Energy Prices and Taxes, 2nd Quarter 2020》，IEA。

2. 中国：基础资料来源于国家发展改革委价格监测中心，按热值 5000kcal/kg 将电煤价格折算为标准煤价。

2015—2019 年，部分国家（地区）发电用煤价格见表 3-7，价格指数变化趋势如图 3-10 所示。近五年，土耳其、中国和德国电煤价格增长较快，年均超过 7%；美国和奥地利电煤价格呈现下降走势，美国年均降速最大，为 -2.4%；中国电煤价格年均增速相对偏高，年均增长 8.0%。

表 3-7　　　　2015－2019 年部分国家（地区）发电用煤价格　　　　本币元/t

国家（地区）	2015 年	2016 年	2017 年	2018 年	2019 年	年均增长率（%）
土耳其	86.9	86.0	95.6	105.5	134.8	11.6
中国	**508.2**	**538.9**	**722.2**	**743.3**	**690.8**	**8.0**
德国	74.6	71.9	106.6	111.9	100.3	7.7
英国	48.7	54.3	73.9	76.9	60.8	5.7
波兰	223.9	202.4	201.9	240.9	265.6	4.4
墨西哥	900.5	950.6	1050	1049.3	1049.3	3.9
芬兰	67.2	64.8	88.4	89.8	76.3	3.2
智利	47 093	47 375	57 419.8	62 996.0	53 396.8	3.2
葡萄牙	50.5	49.7	75.6	79.3	55.2	2.3
奥地利	83.2	89.5	91.5	84.3	81.9	-0.4
美国	50.9	48.4	47.5	47.2	46.3	-2.4

资料来源：1. 国外：《Energy Prices and Taxes，2nd Quarter 2020》，IEA。

2. 中国：2015－2019 年基础资料来源于中国煤炭工业协会和国家发展改革委价格监测中心，按原煤热值 5000kcal/kg 将电煤价格折算为标煤价。

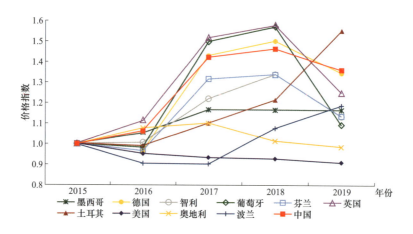

图 3-10　2015－2019 年部分国家（地区）电煤价格变化趋势

3.5　煤炭价格展望

2020－2021年，煤炭作为重要的传统能源，其价格水平与国内外经济社会发展存在密切联系。近期看，由于全球新冠肺炎疫情暴发，全球经济受到严重拖累，加上美国在多领域实行单边保护主义，加剧世界经济动荡和发展不确定性，将引发煤炭供需平衡状况和煤炭价格产生阶段性的波动及调整。长期看，全球范围内以非化石能源替代燃煤发电的发展趋势依然明显，煤炭价格面临趋势性压力。

2020年，上半年，新冠肺炎疫情蔓延扩大，封锁措施长期持续，导致国际煤炭价格波动下行；下半年，预期随着对疫情的逐步控制，全球经济可能出现一波反弹式增长，将带动国际煤价有所上行。进入2021年，从全球液化天然气产量不断增加和可再生能源替代作用的影响看，预计国际煤炭价格依然有下行趋势，并随季节性气候变化形成波动走势。

国内，上半年，受新冠肺炎疫情扰动，以及供需松紧格局不断转换，煤炭价格呈现深"V"走势。下半年，综合考虑国际外部环境、中长期合同制度落实，"基准价＋浮动价"的指数定价机制的实施，以及国内优质产能释放等因素，我国煤炭市场格局总体偏松，煤炭价格可保持在合理区间运行。预计2020－2021年，热值5500kcal的动力煤价格可稳定在520～580元/t区间，随季节性变化对供需形势的影响，淡旺季或将形成小幅震荡波动。

3.6　小结

本章从煤炭生产消费、国内外煤炭市场价格、国内外动力煤价格和发电用煤价格等几个方面进行了系统梳理，并对未来两年我国煤炭价格进行了展望。

2018－2019年，国内外煤炭市场价格走势呈现上行回落后持续震荡下跌，其中，国内煤炭价格运行波动较为明显。2019 年，国内煤炭市场，全国市场交易煤价格，受气候变化、长协煤合同价格机制、产地环保安监、中美贸易摩擦、汇率走势变化等影响，全年上涨 9.8 元/t；全国电煤价格指数，全年下降 39.5 元/t。我国进口煤炭 29 967 万 t，平均价格为 78.1 美元/t，同比下降 9.5%，价格全年下跌 13.5 美元/t。展望 2020－2021 年，综合多重因素影响，我国煤炭市场格局总体偏松，煤炭价格可保持在合理区间运行。预计热值 5500kcal 的动力煤价格可稳定在 520～580 元/t 区间运行，随季节性变化对供需形势的影响或有小幅震荡波动。

4

电力价格分析

4.1 电力生产与消费

2019 年，美国、中国、印度、俄罗斯等全球发电量前十的 10 个国家❶发电量为 18.64 万亿 kW·h。其中，中国、美国占比分别为 40.1%、23.5%，其他国家或地区的占比均不超过 10%。各国发电量占比如图 4-1 所示。

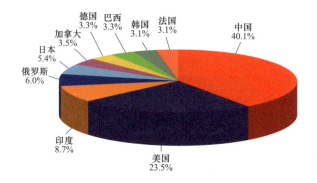

图 4-1 2019 年部分国家电力生产占比情况

资料来源：https://yearbook.enerdata.net/electricity/world-electricity-production-statistics.html。

2019 年，上述国家发电量除中国、印度、俄罗斯和巴西之外其余同比均有下降趋势，2015—2019 年，各国发电量走势如图 4-2 所示。

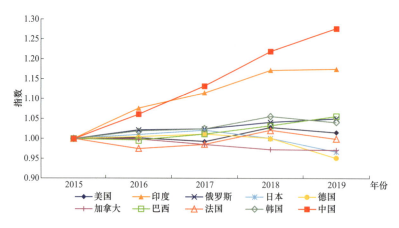

图 4-2 部分国家（地区）发电量近年走势比较

---

❶ 仅对美国、中国、日本、俄罗斯等发电量为全球前十的国家进行分析。

　　2019 年电力消费量位居前十的仍然是上述美国、中国、印度、日本等国家，各国消费量占比与发电量占比基本一致，如图 4-3 所示。2015－2019 年，各国电力消费走势与发电量变化趋势大致相同，如图 4-4 所示。

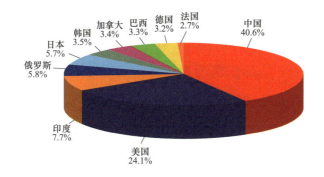

图 4-3　2019 年部分国家电力消费占比情况

资料来源：https：//yearbook. enerdata. net/electricity/world - electricity - production - statistics. html。

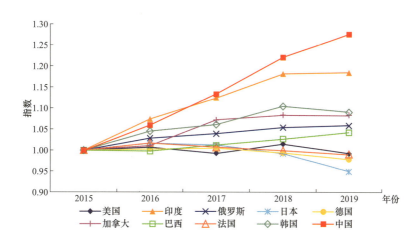

图 4-4　部分国家（地区）用电量近年走势比较

　　美国 2019 年居民、工业和商业用户用电量占比分别为 38％、36％和 25％，上述三类用户在 2018 年用电量上升后，2019 年用电量均出现下滑，其中居民、商业用户用电量下降约为 2％，工业用户用电量下降接近 5％。居民和商业用户用电量下降主要是受到气候因素影响，根据美国国家海洋和大气管理局数据显示，2019 年美国本土平均气温为 52.67℉，降温度日（Cooling Degree Days，

87

CDD）为 1456℉日，较 2018 年分别下降 5.9％和 1.6％，气温的下降导致居民和商业空调负荷下降。工业用户用电量下降主要是受到生产活动影响，美国电力密集型行业的电力加权工业生产指数在 2019 年下半年出现下降，反映出美国工业生产动能减弱。

日本和德国具有一定的相似性。日本近十年来用电量整体上保持平稳，2011 年日本大地震后，为尽快摆脱大地震造成的电力短缺影响，日本产业经济省颁布了《节能技术战略 2011》，在工业、居民、商业、运输等部门大力推广节能技术，民众的节能、节电意识高涨。在节能、节电方面的努力使日本用电量增速放缓。德国用电量近五年来保持稳定，2014 年，德国政府公布了《能源转向进展报告》和《国家能源效率行动计划》，通过采取引入新的能效竞标机制、提高节能改造资助金额和建立能源效率网络平台等措施提高能源利用效率，德国开启了能源供给和能源使用领域广泛而深入的转型。

4.2　上网电价分析

2019 年，世界部分国家（地区）的上网电价（或批发电价）为 0.042～0.082 美元/（kW•h），欧洲、美国、澳大利亚、中国、韩国相比较，中国上网电价处于中等水平，为 0.053 美元/（kW•h），其水平比较见表 4-1。

瑞典、丹麦、芬兰和挪威上网电价之所以较低，主要是通过北欧电力市场的建设实现了区域内资源的优化配置，降低了区域内电力价格。北欧地区资源分布不均，水电集中在北部的挪威和瑞典，火电集中在南部的丹麦和芬兰。一方面，水电价格低于常规火电机组；另一方面，水电调节性能较好，为大规模风电接入提供了支撑。挪威电源主要有水电、火电和风电，其中水电发电量占比约为 95％；瑞典发电装机以水电、核电和风电为主，其中水电发电量占比约为 40％；丹麦以火电和风电为主，2017－2019 年间，丹麦风电发电占比一直维持在 40％以上，其中 2019 年风电发电量占比约为 47％。

中国、韩国、澳大利亚、美国、德国主要依靠化石燃料发电。中国化石燃料发电占比接近 70%，燃煤发电量占比约为 60%。韩国化石燃料发电占比接近 70%，具体来看，燃煤发电占比约为 40%，约 80% 的煤炭依赖进口；天然气发电占比约为 25%，且几乎全部天然气依赖进口。澳大利亚化石燃料发电占比超过 80%，燃煤发电量占比超过 60%。美国以天然气和煤炭作为主要发电燃料，其中天然气发电占比在 35% 以上，燃煤发电占比接近 25%。在上述五个国家中，德国电价上网电价水平远低于其他四国，其原因在于德国可再生能源发展迅速、装机容量占比较大。2019 年，德国风电（含陆上和海上风电）、光伏发电总装机容量占比超过 50%，发电量占比超过 30%。德国于 2007 年在日内市场、2008 年在德国－奥地利日前市场引入负电价机制，当某一时段可再生能源出力较大，甚至超过用电负荷时，传统燃煤机组为避免停机损失会按照负电价进行竞价，此外，由于可再生能源享受补贴，其可以较低价格参与电力市场，进一步导致电力批发市场电价为零或负电价。2017 年以来，德国批发市场每年负电价均在一百小时以上，2019 年有 211 个小时出现了负电价。

表 4-1　2019 年部分国家（地区）上网电价（或批发电价）比较　美元/（kW·h）

国家（地区）	地区（公司）	2019 年
德国		0.042
荷兰		0.046
比利时		0.044
法国		0.044
北欧电力市场现货价格		0.044
瑞典		0.050
芬兰		0.049
丹麦	西部地区	0.043
	东部地区	0.045

续表

国家（地区）	地区（公司）	2019 年
挪威	奥斯陆	0.044
	克里斯蒂安桑	0.044
	卑尔根	0.044
	莫尔德 & 特隆赫姆	0.043
	特罗姆瑟	0.043
澳大利亚	新南威尔士	0.062
	昆士兰	0.056
	南澳	0.076
	塔斯马尼亚	0.063
	维多利亚	0.076
	澳大利亚平均	0.067
美国		0.061
中国		**0.053**
韩国		0.082
各国平均		**0.053**

资料来源：1. 美国：EIA Annual Energy Outlook 2020。
2. 韩国：韩国电力。
3. 瑞典、芬兰、丹麦、挪威：http：//www.nordpoolspot.com。
4. 德国、荷兰、比利时、法国：https：//www.epexspot.com。
5. 澳大利亚：http：//www.aemo.com.au/。
6. 中国：国家能源局。

注　1. 美国为电力重组改革后发电企业的售电均价。
　　2. 澳大利亚统计数据为财政年度内数据，时间为上年 7 月至本年 6 月。

2015—2019 年，部分国家（地区）上网电价（或批发电价）不同，因国家（地区）间变化趋势差异较大，如表 4-2 和图 4-5 所示。

表 4 - 2　2015—2019 年部分国家（地区）上网电价（或批发电价）情况

本币元/（kW·h）

国家（地区）	地区（公司）	2015 年	2016 年	2017 年	2018 年	2019 年	年均增长率（%）	2019 年同比增长（%）
德国		0.032	0.028	0.034	0.042	0.038	4.2	−9.7
荷兰		0.042	0.034	0.039	0.053	0.041	−0.5	−21.6
比利时		0.044	0.037	0.045	0.055	0.039	−2.8	−28.8
法国		0.039	0.037	0.045	0.051	0.039	0.3	−21.9
北欧电力市场现货价格		0.021	0.027	0.029	0.044	0.039	16.7	−11.5
瑞典		0.198	0.274	0.297	0.454	0.402	19.4	−11.5
芬兰		0.030	0.032	0.033	0.047	0.044	10.4	−5.9
丹麦	西部地区	0.171	0.199	0.224	0.328	0.287	13.9	−12.5
	东部地区	0.183	0.219	0.238	0.344	0.298	13.0	−13.6
挪威	奥斯陆	0.177	0.243	0.271	0.419	0.387	21.5	−7.6
	克里斯蒂安桑	0.177	0.234	0.269	0.415	0.387	21.6	−6.8
	卑尔根	0.177	0.231	0.269	0.413	0.387	21.7	−6.4
	莫尔德 & 特隆赫姆	0.190	0.267	0.275	0.423	0.380	18.9	−10.3
	特罗姆瑟	0.183	0.233	0.240	0.420	0.378	19.9	−10.1
澳大利亚	新南威尔士	0.035	0.052	0.081	0.082	0.089	26.0	7.6
	昆士兰	0.053	0.060	0.093	0.073	0.080	11.2	10.2
	南澳	0.039	0.062	0.109	0.098	0.110	29.3	11.9
	塔斯马尼亚	0.037	0.103	0.075	0.087	0.090	24.8	3.5
	维多利亚	0.030	0.046	0.067	0.092	0.110	37.9	18.9
	澳大利亚平均	0.039	0.064	0.085	0.087	0.096	25.2	10.6
美国		0.065	0.065	0.067	0.064	0.061	−1.8	−5.0
中国		**0.388**	**0.369**	**0.372**	**0.374**	**0.367**	**−1.4**	**−1.7**
韩国		85.92	83.02	87.89	95.17	95.3	2.6	0.1

资料来源：1. 美国：https：//www.eia.gov/，EIA。
　　　　　2. 韩国：韩国电力。
　　　　　3. 欧洲：http：//www.nordpoolspot.com。
　　　　　4. 澳大利亚：http：//www.aemo.com.au/。
　　　　　5. 中国：国家能源局。

注　美国为电力重组改革后发电企业的售电均价。

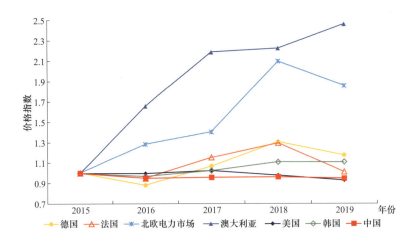

图 4-5　2015—2019 年部分国家（地区）上网电价（或批发电价）走势比较

　　我国上网电价主要受电源结构影响，电力市场化改革有利于还原电力真实价格。电源结构方面，由于目前我国 60％以上的发电量由燃煤机组提供，燃煤标杆电价的调整是影响我国上网电价的重要因素。2015—2016 年，根据煤电价格联动机制有关规定，国家发展改革委两次下调了燃煤发电上网电价，两次分别下调约 2、3 分/（kW·h）。2017 年，从 7 月 1 日开始，国家发展改革委取消工业企业结构调整专项资金，降低重大水利工程建设基金和大中型水库移民后期扶持基金，相关空间用于提高燃煤电厂标杆上网电价。2018 年，受全年执行调高后的燃煤标杆电价、水电上网电量占比下降等因素影响，上网电价小幅上涨。电力市场化改革方面，目前我国电力市场交易方面以中长期交易为主，现货市场建设稳步推进。2016 年初，北京、广州电力交易中心成立。2017 年以来，我国市场化交易电量稳步提升，2019 年占全社会用电量比重稳定在 30％以上，度电降价在 3 分钱以上。电力市场化改革、发电侧的竞争将有助于发现、还原真实价格。

　　美国通过改革推动发电侧竞争，提升了发电厂的效率，对美国上网电价整体呈现下降的态势有积极影响。但市场化改革后电力价格反映的是发电成本、供需形式等因素，电源结构、发电成本（主要包括燃料成本和运行维护成本）等的影响往往大于改革影响。电源结构方面，美国发电以天然气、燃煤和核电为主。相对于 2018 年，2019 年美国天然气发电占比从 35％ 上升至 38％，并逐步替代退役的燃煤发电机组；燃煤发电占比从 28％ 下降至 23％；核电发电占比稳定在 20％ 以下；水电发电占比稳定在 7％ 左右。燃料价格方面，不同类型电源燃料成本差异较大，度电燃料成本由低到高一般为水电、核电、燃煤发电和天然气发电。除天然气发电外，其他电源燃料成本均呈下降趋势，天然气发电用气价格在经历 2016 年价格低点后，2017、2018 年天然气价格呈上涨趋势，2018 年美国天然气发电用气价格上涨幅度约 4.3％，2019 年又跌至 2016 年水平。运行维护成本方面，近五年运行维护成本整体上呈现下降趋势。

欧洲市场批发价格影响因素较多，其批发市场价格一般由化石燃料机组确定，主要受煤炭、天然气价格和碳排放价格影响。2005 年欧盟建立了碳排放交易体系，主要涵盖发电供热和能源密集型产业，以应对气候变化、减低温室气体排放，碳排放价格上涨直接引发煤炭、天然气发电企业成本上涨，并传导至批发市场。但实施以来效果不佳，碳排放许可证价格较低，尤其是 2008 年以来部分欧洲国家经济发展速度放缓，许多免费配额被发放。2016 年，从第二季度开始，受用电量上升、煤炭价格大幅上涨、核电安全检查导致核电机组容量下降等因素影响，批发市场价格整体呈现上涨趋势。2017 年，主要受气候、可再生能源发电减少、干旱缺水等因素影响，天然气发电比例上升，批发市场价格有所上升。2018 年，欧洲市场批发价格上涨明显，涨幅接近 50％，主要是受到碳排放价格上涨影响。相对于 2017 年，欧洲天然气价格上涨约 30％，煤炭价格上涨约 5％，碳排放价格上涨约 160％。碳排放价格上涨主要是受到了 2017 年欧洲碳排放市场改革的影响，改革计划从 2021 年开始大幅削减免费配额，直接导致了 2018 年碳排放配额不足引起碳排放价格上涨。2019 年，欧洲碳排放价格仍呈上涨趋势，全年相对于 2018 年上涨约 57％，达到 25 欧元/t，但 2019 年欧洲批发市场价格呈下降趋势，主要是受到了天然气、煤炭价格下降的影响。相对 2018 年底，欧洲天然气价格下降约 50％，煤炭价格下降约 40％。

澳大利亚上网电价是以州为基础的，各州之间的政策方案有很大的差异，影响各州批发市场电价的主要因素往往不同，上网电价的变化存在差异且波动幅度相对较大。2016 年，受电力需求回升尤其是 6 月电力需求增加影响，电力批发市场价格稳中有升，其中塔斯马尼亚出现将近 3 倍的上涨主要原因在于，2015 年底连接澳大利亚本土大陆和塔斯马尼亚岛的唯一海底电缆 Basslink 故障而本地水电资源有限。2017 年，澳大利亚批发市场价格受电力需求上涨、部分电站关闭和天然气价格上涨等因素影响，整体呈上涨趋势。2018 年，昆士兰价格下降幅度较大，维多利亚价格上升明显，但整体上批发市场价格仍延续了 2017 年的高位水平。2018 年突发事件对批发市场价格的影响降低，更多的是供给结构的变化。昆士兰 Swanbank E 水电站在经历三年备用后重新投入运行，增加了市场中的低价水电，再加之昆士兰州政府向州政府拥有的机组下达了"采取措施降低批发市场价格"的指令，昆士兰批发市场价格下降明显。维多利亚 Hazelwood 电站 2017 年关闭直接导致成本较低的褐煤发电机组份额降低，2018 年水电和燃气机组发电占比提高，此外新南威尔士到维多利亚线路输送容受限也直接推高了维多利亚批发市场价格。2019 年，第一季度批发市场价格大幅上涨，主要是受到高温、干旱、燃料价格上升等因素的影响，其中气温方面，2019 年第一季度为有记录以来的最热夏季，高温导致了用电负荷的增加；降水方面，除北边昆士兰降水高于往年外，其他地区降水均低于历史第一季度降水平均值，导致低价水电供应减少、报价提高；燃料价格方面，2019 年第一季度，天然气批发市场价格上涨 15%，导致燃气发电在电力市场中报价提高。此后，在剩余季度，批发市场价格逐渐下降，但总体上 2019 年仍延续了上涨趋势。

4.3　输配电价分析

2019 年，美国、中国、法国、德国等国家（地区）输配电价水平为 0.010～0.073 美元/（kW·h），中国处于较低水平。各国输配电价水平比较见表 4‑3。

国家（地区）	2019 年	国家（地区）	2019 年
日本	0.073	英国	0.037
爱尔兰	0.058	瑞典	0.035
比利时	0.054	波兰	0.035
德国	0.050	荷兰	0.033
美国	0.043	爱沙尼亚	0.032
捷克	0.041	芬兰	0.031
奥地利	0.041	罗马尼亚	0.029
葡萄牙	0.040	中国	**0.028**
丹麦	0.038	韩国	0.010
法国	0.038	平均	**0.043**

表 4-3　　　　　2019 年部分国家（地区）输配电价水平比较　　美元／（kW·h）

资料来源：1. 美国：https：//www.eia.gov/，EIA。
　　　　　2. 中国：国家能源局。
　　　　　3. 韩国、日本：韩国电力、东京电力公司年报。
　　　　　4. 欧洲国家：https：//ec.europa.eu/eurostat/。
注　1. 美国输配电价为重组后的输配电企业平均电价水平。
　　2. 韩国、日本输配电价分别为韩国电力、东京电力公司水平。
　　3. 欧洲国家输配电价水平为居民用户和工业用户输配电价按电量加权值。

2019 年，大部分国家输配电价呈现下降态势，美国、中国、英国等国家的输配电价水平及变化趋势如表 4-4 和图 4-6 所示。总体来看，输配电价水平与电网投资相关，近五年全球输配电网投资年均在 2500 亿美元以上，2019 年约为 2700 亿美元，其中美国、中国电网投资占全球投资的近一半。就投资结构而言，配电网相关投资占比在 65％以上，输电网相关投资占比低于 35％。

2016 年之前，我国推进农网升级改造和县公司上划，加快了电网建设，输配电价呈现稳步增长的态势。2017 年，我国完成了省级电网输配电价的核定工作，输配电价下降。2018 年，我国输配电价进一步下降，一方面，2018 年年初完成了区域电网和跨省跨区专项工程核价工作，另一方面，为落实政府工作报告中一般工商业电价平均下降 10％的目标要求，从 2018 年 3 月起国家发展改革委密集出台了一批降价措施。2019 年，为落实政府工作报告中"降低制造业用电成本，一般工商业平均电价再降低 10％"要求，国家发展改革委分两批出台了降价政策，输配电价方面主要涉及增值税税率由 16％调整为 13％和电网企业固定资产平均折旧率降低 0.5 个百分点两项措施。

欧洲大部分国家近年来为支撑大范围电力交易的开展和资源优化配置，开展了跨国电网以及相应各国电网建设和升级改造，直接影响输配电价上涨，其投资集中在输电网络。美国近十年来输配电价及其在总费用中的占比一直在稳步增加，2019 年美国电网投资增长率约 11％，增长至 770 亿美元，其中约 60％的投资用于建设和升级改造配电网。

表 4 - 4　　　　　2015—2019 年部分国家输配电价情况　　　　本币元/（kW·h）

国家（地区）	2015 年	2016 年	2017 年	2018 年	2019 年	年均增长率（%）	2019 年同比增长（%）
美国	0.039	0.04	0.041	0.042	0.043	2.5	2.4
捷克	1.529	1.488	0.924	0.927	0.949	−11.2	2.4
波兰	0.169	0.16	0.143	0.131	0.134	−5.6	2.3
日本	6.821	6.94	7.249	7.768	7.916	3.8	1.9
澳大利亚	0.134	0.122	0.136	0.132	0.133	−0.2	0.8
英国	0.028	0.027	0.031	0.029	0.029	0.9	0.0
爱尔兰	0.045	0.048	0.046	0.052	0.052	3.7	0.0
韩国	23.45	25.34	19.674	12.344	12.153	−15.2	−1.5
丹麦	0.256	0.274	0.269	0.263	0.255	−0.1	−3.0
中国	0.218	0.219	0.216	0.205	0.195	−2.7	−4.9
奥地利	0.038	0.04	0.036	0.039	0.037	−0.7	−5.1
葡萄牙	0.042	0.047	0.043	0.038	0.036	−3.8	−5.3

国家 （地区）	2015 年	2016 年	2017 年	2018 年	2019 年	年均 增长率 （%）	2019 年 同比增长 （%）
荷兰	0.04	0.039	0.027	0.031	0.029	− 7.7	− 6.5
瑞典	0.5	0.533	0.371	0.357	0.332	− 9.7	− 7.0
罗马尼亚	0.155	0.141	0.131	0.132	0.122	− 5.8	− 7.6
法国	0.036	0.038	0.035	0.037	0.034	− 1.4	− 8.1
德国	0.044	0.048	0.049	0.048	0.044	0.0	− 8.3
比利时	0.055	0.057	0.049	0.053	0.048	− 3.3	− 9.4
芬兰	0.03	0.034	0.031	0.031	0.028	− 1.7	− 9.7
爱沙尼亚	0.037	0.038	0.034	0.032	0.028	− 6.7	− 12.5

资料来源：1. 美国：https：//www. eia. gov/，EIA。

2. 中国：国家能源局。

3. 欧洲国家：https：//ec. europa. eu/eurostat/。

4. 澳大利亚：AEMC Residential Electricity Price Trends Review。

注　1. 美国输配电价为重组后的输配电企业平均电价水平。

2. 除美国、中国外，其他国家输配电价为工业与居民用户按电量加权的平均输配电价。

3. 澳大利亚输配电价为居民输配电价。

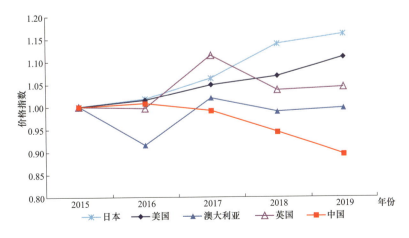

图 4-6　部分国家输配电价近年走势比较

4.4 销售电价分析

4.4.1 销售电价总水平

2019 年，29 个国家用户平均电价水平见表 4-5，其中美国、中国等五国的所有用户平均销售电价水平为 0.059～0.133 美元/（kW·h），中国的价格仅高于南非。27 个国家（地区）的工业电价与居民电价按电量加权平均电价水平为 0.087～0.208 美元/（kW·h），中国电价为 0.087 美元/（kW·h）。

表 4-5　　　　　　2019 年部分国家（地区）销售电价水平比较　　　　美元/（kW·h）

国家（地区）	2019 年	国家	2019 年
总水平			
新西兰	0.133	**中国**	**0.088**
美国	0.106	南非	0.059
韩国	0.093	**平均**	**0.096**
居民与工业用户销售电价按电量加权平均水平			
意大利	0.208	希腊	0.126
德国	0.192	斯洛文尼亚	0.114
比利时	0.175	瑞典	0.113
西班牙	0.173	爱沙尼亚	0.112
英国	0.172	芬兰	0.111
瑞士	0.168	波兰	0.110
爱尔兰	0.168	土耳其	0.106
葡萄牙	0.159	美国	0.106
丹麦	0.154	加拿大	0.100
斯洛伐克	0.154	卢森堡	0.098

国家（地区）	2019 年	国家	2019 年
法国	0.147	匈牙利	0.097
奥地利	0.140	韩国	0.096
荷兰	0.128	中国	**0.087**
捷克	0.126	平均	**0.134**

资料来源：1. 美国：https：//www. eia. gov/，EIA。

2. 韩国：韩国电力。

3. 中国：国家能源局。

4. 新西兰：http：//www. med. govt. nz/。

5. 南非：http：//www. eskom. co. za/CustomerCare/TariffsAndCharges/Pages。

6. 墨西哥：http：//sie. energia. gob. mx/。

7. 加拿大：http：//oee. nrcan. gc. ca。

注　1. 销售电价中均含基金和附加。

2. 韩国、南非销售电价的平均水平是售电总收入与售电量的比值。

2015—2019 年，美国、中国等五国中，南非年均电价涨幅最高，达 5.9%，中国电价涨幅最低，为 -2.8%。部分国家（地区）的平均销售电价水平、销售电价走势见表 4-6、图 4-7 和图 4-8。

2019 年，世界主要国家销售电价出现小幅上涨。土耳其、荷兰、捷克、意大利、瑞典等国家销售电价出现了大幅上涨，上涨幅度超过 8%。土耳其销售电价上涨主要是受到汇率和天然气发电燃料成本上涨因素影响。土耳其发电以化石燃料为主，2019 年，土耳其化石燃料发电量占比约 56%，天然气发电量占比为 19%，而土耳其天然气基本依赖进口。近年来土耳其里拉兑美元汇率持续下跌，2019 年下跌约 20%，里拉贬值增加了天然气进口成本。2019 年上半年，土耳其工业天然气价格上涨了约 55%，下半年上涨了约 27%，用气价格的上涨导致天然气发电成本上涨，而一般又由天然气发电决定电力市场出清价格并传导到终端用户。中国受电力市场改革、电源结构变化、降低一般工商业电价等因素影响，销售电价持续下降。

表 4-6 　　　　　　2015－2019 年部分国家平均销售电价情况 　　　本币元/（kW•h）

国家 (地区)	2015 年	2016 年	2017 年	2018 年	2019 年	年均 增长率 （%）	2019 年 同比增长 （%）
总水平							
南非	0.676	0.754	0.818	0.825	0.851	5.9	3.2
新西兰	0.190	0.183	0.183	0.194	0.202	1.5	4.1
美国	0.104	0.103	0.105	0.105	0.106	0.5	0.7
韩国	111.575	111.234	109.531	108.748	108.658	− 0.7	− 0.1
中国	**0.683**	**0.661**	**0.646**	**0.629**	**0.609**	**− 2.8**	**− 3.2**
居民与工业用户销售电价按电量加权平均水平							
土耳其	0.325	0.338	0.336	0.427	0.601	16.6	40.8
加拿大	0.099	0.121	0.123	0.126	0.133	7.8	5.9
瑞典	0.813	0.848	0.877	0.985	1.073	7.2	9.0
英国	0.114	0.113	0.119	0.127	0.135	4.2	5.7
比利时	0.136	0.151	0.156	0.151	0.156	3.5	3.1
荷兰	0.102	0.093	0.093	0.099	0.114	2.7	15.1
芬兰	0.090	0.090	0.091	0.094	0.099	2.5	5.0
斯洛伐克	0.125	0.121	0.120	0.126	0.137	2.4	9.0
卢森堡	0.082	0.078	0.081	0.084	0.087	1.8	4.1
波兰	0.395	0.384	0.388	0.399	0.422	1.7	5.8
法国	0.124	0.121	0.122	0.124	0.131	1.4	5.3
瑞士	0.158	0.167	0.163	0.165	0.167	1.4	1.3
捷克	2.743	2.607	2.519	2.570	2.895	1.4	12.6
斯洛文尼亚	0.099	0.097	0.094	0.098	0.102	0.7	3.8
爱沙尼亚	0.097	0.093	0.093	0.098	0.100	0.7	1.8
美国	0.103	0.102	0.104	0.105	0.106	0.7	1.0
德国	0.171	0.168	0.170	0.166	0.171	0.1	3.1
西班牙	0.154	0.145	0.147	0.156	0.155	0.0	− 0.6
奥地利	0.125	0.124	0.119	0.121	0.125	− 0.1	3.3
意大利	0.187	0.184	0.174	0.167	0.185	− 0.2	11.0

续表

国家 （地区）	2015 年	2016 年	2017 年	2018 年	2019 年	年均 增长率 （%）	2019 年 同比增长 （%）
葡萄牙	0.144	0.146	0.144	0.145	0.142	−0.3	−2.0
爱尔兰	0.153	0.141	0.142	0.141	0.150	−0.6	5.9
韩国	117.049	116.407	113.705	112.613	112.279	−1.0	−0.3
匈牙利	30.139	28.176	27.465	28.302	28.302	−1.6	0.0
希腊	0.122	0.119	0.124	0.114	0.113	−2.1	−1.2
丹麦	1.117	1.162	1.078	1.097	1.025	−2.1	−6.6
中国	**0.663**	**0.665**	**0.617**	**0.606**	**0.599**	**−2.5**	**−1.1**

资料来源：1. 美国：https：//www. eia. gov/，EIA。

　　　　　2. 韩国：韩国电力。

　　　　　3. 中国：国家能源局。

　　　　　4. 新西兰：http：//www. med. govt. nz/。

　　　　　5. 南非：http：//www. eskom. co. za/CustomerCare/TariffsAndCharges/Pages。

　　　　　6. 墨西哥：http：//sie. energia. gob. mx/。

　　　　　7. 加拿大：http：//oee. nrcan. gc. ca。

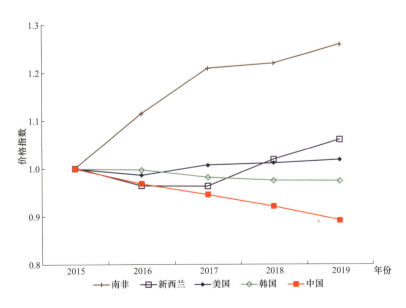

图 4 - 7　2015—2019 年部分国家销售电价总水平走势比较

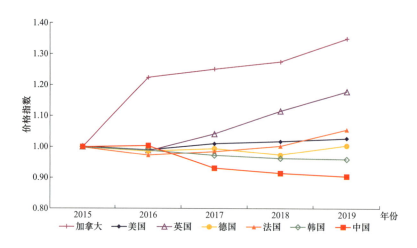

图 4 - 8　2015－2019 年部分国家平均销售电价走势比较

4.4.2　分类销售电价

（一）工业电价

2019 年，29 个国家（地区）的工业电价水平为 0.051～0.185 美元/（kW·h），其比较见表 4 - 7。意大利的工业电价水平在所列国家中最高，为 0.185 美元/（kW·h）；中国的工业电价为 0.089 美元/（kW·h），处于中等水平。

表 4 - 7　　　　　2019 年部分国家（地区）工业电价水平比较　　　　美元/（kW·h）

国家（地区）	2019 年	国家（地区）	2019 年
意大利	0.185	西班牙	0.123
智利	0.160	瑞士	0.120
英国	0.147	法国	0.118
斯洛伐克	0.147	奥地利	0.110
德国	0.146	土耳其	0.106
比利时	0.135	捷克	0.104
爱尔兰	0.129	爱沙尼亚	0.100
葡萄牙	0.128	波兰	0.099

国家（地区）	2019 年	国家（地区）	2019 年
希腊	0.097	卢森堡	0.082
荷兰	0.097	丹麦	0.080
韩国	0.095	芬兰	0.075
斯洛文尼亚	0.093	瑞典	0.070
加拿大	0.090	美国	0.068
中国	**0.089**	南非	0.051
匈牙利	0.088	**平均**	**0.108**

资料来源：《Energy Prices and Taxes，2nd Quarter 2020》，IEA。

2019 年，25 个国家（地区）不含税（消费税和增值税）的工业电价为 0.066～0.145 美元/（kW·h），斯洛伐克最高，瑞典最低，各国工业电价税费构成如表 4-8 和图 4-9 所示。这些国家的工业电价中，税价以消费税为主，占含税价的比例为 1.0%～50.7%，德国、意大利等欧洲发达国家税价占比较高。

表 4-8　　　　2019 年部分国家（地区）工业电价及税费构成比较　美元/（kW·h）

国家（地区）	不含税价格	消费税	增值税	含税价格	税价占含税价比例（%）
意大利	0.115	0.070	—	0.185	37.8
英国	0.140	0.007	—	0.147	4.8
斯洛伐克	0.145	0.002	—	0.147	1.4
德国	0.072	0.074	—	0.146	50.7
比利时	0.101	0.034	—	0.135	25.2
葡萄牙	0.094	0.034	—	0.128	26.6
西班牙	0.117	0.006	—	0.123	4.9
瑞士	0.097	0.023	—	0.120	19.2
法国	0.094	0.024	—	0.118	20.3

续表

国家 (地区)	不含税价格	消费税	增值税	含税价格	税价占含税价比例 (%)
奥地利	0.083	0.027	—	0.110	24.5
土耳其	0.088	0.002	0.016	0.106	17.0
捷克	0.103	0.001	—	0.104	1.0
爱沙尼亚	0.083	0.017	—	0.100	17.0
波兰	0.098	0.001	—	0.099	1.0
希腊	0.079	0.018	—	0.097	18.6
荷兰	0.072	0.025	—	0.097	25.8
韩国	0.091	0.004	—	0.095	4.2
斯洛文尼亚	0.080	0.013	—	0.093	14.0
加拿大	0.080	—	—	0.090	11.1
中国	**0.079**	**—**	**0.010**	**0.089**	**11.2**
匈牙利	0.083	0.005	—	0.088	5.7
卢森堡	0.071	0.011	—	0.082	13.4
丹麦	0.072	0.008	—	0.080	10.0
芬兰	0.068	0.007	—	0.075	9.3
瑞典	0.066	0.004	—	0.070	5.7
平均	**0.091**	**—**	**—**	**0.109**	**—**

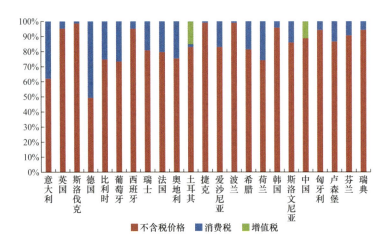

图 4-9　2019 年部分国家（地区）工业电价税费构成比较

2015—2019年29个国家（地区）工业电价如表4-9和图4-10所示，这五年各国价格水平涨跌不一，年均增长率为-4.6%～18.5%，中国价格跌幅较小。2019年，土耳其工业电价涨幅最高，超过45%；丹麦的工业电价跌幅最大，跌幅超过5%。

表4-9　　　　2015—2019年部分国家（地区）工业电价情况　本币元/（kW·h）

国家（地区）	2015年	2016年	2017年	2018年	2019年	年均增长率（%）	2019年同比增长（%）
土耳其	0.305	0.317	0.314	0.406	0.600	18.5	47.8
智利	75.009	84.320	97.192	101.835	112.181	10.6	10.2
加拿大	0.082	0.104	0.109	0.109	0.120	10.1	10.3
瑞典	0.496	0.515	0.534	0.606	0.667	7.7	10.0
南非	0.568	0.626	0.677	0.700	0.740	6.8	5.7
英国	0.095	0.093	0.098	0.104	0.115	5.0	10.5
卢森堡	0.065	0.062	0.068	0.071	0.073	3.0	3.2
波兰	0.338	0.326	0.331	0.345	0.380	2.9	10.0
斯洛伐克	0.118	0.113	0.114	0.120	0.131	2.7	9.6
荷兰	0.081	0.077	0.077	0.079	0.086	1.7	9.5
比利时	0.113	0.118	0.121	0.116	0.120	1.7	4.2
斯洛文尼亚	0.079	0.076	0.073	0.079	0.083	1.3	5.6
法国	0.103	0.096	0.097	0.099	0.105	0.6	6.8
瑞士	0.118	0.132	0.122	0.119	0.119	0.3	-0.3
爱沙尼亚	0.088	0.086	0.083	0.087	0.089	0.2	2.5
芬兰	0.067	0.066	0.065	0.066	0.067	0.0	1.4
奥地利	0.098	0.096	0.091	0.093	0.098	0.0	4.8
葡萄牙	0.115	0.113	0.115	0.115	0.115	0.0	-0.1

续表

国家 (地区)	2015 年	2016 年	2017 年	2018 年	2019 年	年均 增长率 (%)	2019 年 同比增长 (%)
德国	0.131	0.127	0.127	0.123	0.130	− 0.1	5.9
捷克	2.402	2.185	2.069	2.094	2.384	− 0.2	13.8
韩国	111.384	111.073	111.382	110.395	110.502	− 0.2	0.1
美国	0.069	0.068	0.069	0.069	0.068	− 0.3	− 1.3
意大利	0.170	0.167	0.157	0.148	0.165	− 0.7	11.9
西班牙	0.114	0.105	0.102	0.108	0.110	− 0.9	1.5
爱尔兰	0.119	0.107	0.110	0.109	0.115	− 0.9	5.7
匈牙利	27.842	25.283	24.333	25.494	25.494	− 2.2	0.0
希腊	0.095	0.090	0.095	0.089	0.087	− 2.3	− 2.1
中国	**0.683**	**0.692**	**0.634**	**0.621**	**0.613**	**− 2.7**	**− 1.2**
丹麦	0.645	0.661	0.606	0.587	0.534	− 4.6	− 9.0

资料来源：《Energy Prices and Taxes，2nd Quarter 2020》，IEA。

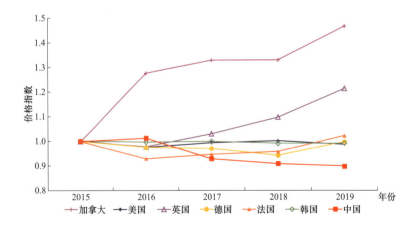

图 4 - 10　2015－2019 年部分国家（地区）工业电价走势比较

（二）居民电价

2019 年，31 个国家（地区）的居民电价见表 4 - 10，其水平为 0.077～0.334 美元/（kW·h），中国居民电价为 0.077 美元/（kW·h），位于倒数第一位。

表 4 - 10　　　　　　**2019 年部分国家（地区）居民电价水平比较**　　　美元/（kW·h）

国家（地区）	2019 年	国家（地区）	2019 年
德国	0.334	卢森堡	0.193
丹麦	0.321	捷克	0.192
比利时	0.316	新西兰	0.192
意大利	0.289	希腊	0.185
西班牙	0.288	斯洛伐克	0.182
爱尔兰	0.259	斯洛文尼亚	0.179
荷兰	0.250	波兰	0.156
葡萄牙	0.242	爱沙尼亚	0.151
澳大利亚	0.232	美国	0.130
奥地利	0.222	匈牙利	0.122
英国	0.219	加拿大	0.112
瑞士	0.212	土耳其	0.106
芬兰	0.206	韩国	0.102
法国	0.199	南非	0.087
智利	0.196	**中国**	**0.077**
瑞典	0.195	**平均**	**0.198**

资料来源：《Energy Prices and Taxes，2nd Quarter 2020》，IEA。

2019 年，28 个国家（地区）不含税（消费税和增值税）的居民电价为 0.070～0.228 美元/（kW·h），爱尔兰最高，中国最低，这些国家（地区）的居民电价税费构成如表 4 - 11 和图 4 - 11 所示。这些国家（地区）的居民电价中，税价占含税价的比例为 4.6％～58.9％，德国、丹麦、瑞典、意大利、葡萄牙等欧洲国家较高，均超过 30％；中国税价比重为 11.4％，属于中等偏低水平。

表 4-11　　**2019 年部分国家（地区）居民电价及税费构成比较**　美元/（kW·h）

国家（地区）	不含税价格	消费税	增值税	含税价格	税价占含税价比例（%）
德国	0.156	0.125	0.053	0.334	53.3
丹麦	0.132	0.125	0.064	0.321	58.9
比利时	0.217	0.045	0.054	0.316	31.3
意大利	0.186	0.077	0.026	0.289	35.6
西班牙	0.226	0.012	0.050	0.288	21.5
爱尔兰	0.228	—	0.031	0.259	12.0
荷兰	0.171	0.036	0.043	0.250	31.6
葡萄牙	0.124	0.073	0.045	0.242	48.8
澳大利亚	0.211	—	0.021	0.232	9.1
奥地利	0.144	0.041	0.037	0.222	35.1
英国	0.209	0.000	0.010	0.219	4.6
瑞士	0.174	0.023	0.015	0.212	17.9
芬兰	0.141	0.025	0.040	0.206	31.6
法国	0.129	0.041	0.029	0.199	35.2
智利	0.165	—	0.031	0.196	15.8
瑞典	0.117	0.039	0.039	0.195	40.0
卢森堡	0.141	0.038	0.014	0.193	26.9
捷克	0.158	0.001	0.033	0.192	17.7
新西兰	0.167	—	0.025	0.192	13.0
希腊	0.132	0.038	0.015	0.185	28.6

国家（地区）	不含税价格	消费税	增值税	含税价格	税价占含税价比例（%）
斯洛伐克	0.152	—	0.030	0.182	16.5
斯洛文尼亚	0.124	0.023	0.032	0.179	30.7
波兰	0.125	0.002	0.029	0.156	19.9
爱沙尼亚	0.109	0.017	0.025	0.151	27.8
匈牙利	0.096	—	0.026	0.122	21.3
土耳其	0.085	0.005	0.016	0.106	19.8
韩国	0.090	0.003	0.009	0.102	11.8
中国	**0.070**	—	**0.009**	**0.079**	**11.4**
平均	**0.149**	—	—	**0.208**	—

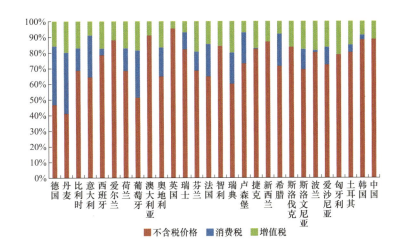

图 4-11　2019 年部分国家（地区）居民电价税费构成比较

2015—2019 年，31 个国家（地区）居民电价情况如表 4-12 和图 4-12 所示。土耳其、智利、比利时、瑞典、南非居民电价增长较快，年均增长均大于 6%。2019 年，荷兰居民电价涨幅最高，涨幅为 24.9%；丹麦跌幅最大，跌幅为 5.2%；中国居民电价以 0.1% 的幅度上涨。

表 4-12　　　　　　2015—2019 年部分国家（地区）居民电价情况　本币元/（kW·h）

国家（地区）	2015 年	2016 年	2017 年	2018 年	2019 年	年均增长率（%）	2019 年同比增长（%）
土耳其	0.396	0.412	0.412	0.503	0.601	11.0	19.5
智利	103.284	114.533	129.299	126.441	137.982	7.5	9.1
比利时	0.216	0.264	0.284	0.278	0.282	7.0	1.4
瑞典	1.438	1.490	1.524	1.703	1.845	6.4	8.3
南非	0.981	1.081	1.186	1.186	1.257	6.4	6.1
加拿大	0.119	0.141	0.141	0.146	0.149	5.9	1.9
芬兰	0.152	0.153	0.162	0.169	0.184	4.8	8.8
荷兰	0.187	0.159	0.158	0.179	0.223	4.6	24.9
澳大利亚	0.282	0.272	0.309	0.333	0.334	4.3	0.4
捷克	3.736	3.812	3.818	3.981	4.410	4.2	10.8
英国	0.151	0.151	0.159	0.172	0.172	3.3	0.0
法国	0.162	0.165	0.166	0.171	0.178	2.3	3.8
爱沙尼亚	0.126	0.118	0.121	0.134	0.135	1.8	0.5
瑞士	0.198	0.200	0.201	0.207	0.211	1.5	1.6
斯洛伐克	0.154	0.154	0.148	0.153	0.163	1.3	6.7
意大利	0.247	0.243	0.234	0.237	0.258	1.1	9.1
美国	0.127	0.125	0.129	0.129	0.130	0.8	1.3
新西兰	0.282	0.286	0.289	0.291	0.291	0.7	0.2
西班牙	0.253	0.243	0.258	0.264	0.257	0.4	-2.6
爱尔兰	0.228	0.220	0.213	0.218	0.231	0.4	6.1
卢森堡	0.170	0.164	0.154	0.162	0.173	0.4	6.4
丹麦	2.117	2.221	2.148	2.260	2.143	0.3	-5.2

续表

国家 (地区)	2015 年	2016 年	2017 年	2018 年	2019 年	年均 增长率 （%）	2019 年 同比增长 （%）
德国	0.295	0.297	0.305	0.299	0.298	0.3	−0.4
斯洛文尼亚	0.159	0.160	0.158	0.159	0.160	0.2	1.0
匈牙利	35.775	35.387	35.369	35.519	35.519	−0.2	0.0
奥地利	0.200	0.202	0.197	0.195	0.198	−0.2	1.4
中国	**0.548**	**0.526**	**0.529**	**0.533**	**0.534**	**−0.7**	**0.1**
波兰	0.618	0.612	0.620	0.622	0.598	−0.8	−3.8
葡萄牙	0.228	0.232	0.226	0.227	0.217	−1.3	−4.6
希腊	0.177	0.172	0.178	0.166	0.166	−1.6	−0.2
韩国	140.636	138.168	123.369	121.514	119.332	−4.0	−1.8

资料来源：《Energy Prices and Taxes，2nd Quarter 2020》，IEA。

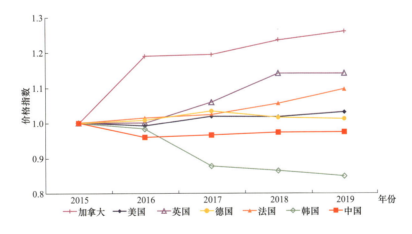

图 4-12　2015—2019 年部分国家（地区）居民电价走势比较

4.5　实际电价变化分析

将名义电价按当年汇率折算进行比较，虽然简单明了，但是折算后的名义

111

电价包含了汇率因素和通货膨胀因素的影响，无法反映出两国的电力行业竞争力（或生产效率）的真实水平变化。对于汇率因素影响，以美国为例，2015 年美国的到户电价为 10.41 美分/（kW·h），按照当年汇率折算为 0.648 4 元/（kW·h）；2016 年美国的到户电价为 10.30 美分/（kW·h），低于 2015 年水平，按照当年汇率折算为 0.684 2 元/（kW·h），反而高于 2015 年水平。对于通货膨胀因素影响，通货膨胀除了通过市场作用影响电力行业的发电成本及输配电成本外，大多数电力市场化国家均在输配电定价办法中明确考虑通货膨胀因素影响。

实际电价的变化情况可在去除通货膨胀因素和汇率变动因素后获得。首先将以本币计的名义电价去除通货膨胀因素后得到实际电价，然后将历年的实际电价的价格指数进行趋势比较。该方法需要数年间的电价数据作为支撑，但可以透过汇率波动和通胀变化造成的价格波动表象而揭示各国的电力行业竞争力的真实变化情况。下面以销售电价平均水平、工业用户电价和居民用户电价作为分析实例。

4.5.1　销售电价总水平

2015—2019 年 29 个国家（地区）名义销售电价如表 4-6 和图 4-7、图 4-8 所示，去除通货膨胀影响后所得到的实际销售电价如表 4-13 和图 4-13、图 4-14 所示。表 4-13 与表 4-6 对比可见，在剔除通货膨胀因素后，5 个有销售电价总水平数据的国家销售电价年均增长率均不同程度降低；29 个国家（地区）居民与工业用户按电量加权的实际销售电价的年平均增长率均不同程度下降，为负的国家（地区）数量由 9 个增加到 15 个。土耳其里拉危机导致货币大幅贬值，国内通货膨胀极为严重，去除通货膨胀影响后，其电价由名义年均增长率 16.6% 变为实际年均增长率 3.6%，变化最大；名义电价年均增长率为 0.5% 的美国实际销售电价总水平年平均增长率为 -1.4%；我国名义电价和实际电价均明显下降，其中名义电价年均增长率为 -2.8%，实际电价年均增长率为 -4.9%。

表 4 - 13　　　　　　2015－2019 年部分国家实际销售电价情况　　　本币元/（kW·h）

国家（地区）	2015 年	2016 年	2017 年	2018 年	2019 年	年均增长率（%）	2019 年同比增长（%）
总水平							
南非	0.676	0.707	0.729	0.704	0.698	0.8	－0.9
新西兰	0.190	0.182	0.179	0.186	0.191	0.0	2.4
美国	0.104	0.101	0.101	0.099	0.098	－1.4	－1.1
韩国	111.575	110.163	106.408	104.111	103.628	－1.8	－0.5
中国	**0.683**	**0.648**	**0.623**	**0.595**	**0.559**	**－4.9**	**－6.0**
居民与工业用户实际销售电价按电量加权平均水平							
加拿大	0.099	0.119	0.120	0.119	0.124	5.9	3.9
瑞典	0.813	0.839	0.853	0.940	1.006	5.5	7.1
土耳其	0.325	0.313	0.280	0.306	0.374	3.6	22.2
英国	0.114	0.112	0.115	0.120	0.125	2.3	3.9
芬兰	0.090	0.090	0.090	0.092	0.096	1.7	3.9
比利时	0.136	0.148	0.150	0.142	0.145	1.5	1.6
荷兰	0.102	0.093	0.091	0.096	0.107	1.2	12.2
瑞士	0.158	0.167	0.163	0.163	0.165	1.0	0.9
斯洛伐克	0.125	0.122	0.119	0.122	0.129	0.9	6.1
卢森堡	0.082	0.078	0.079	0.081	0.083	0.4	2.3
法国	0.124	0.120	0.121	0.121	0.126	0.3	4.2
波兰	0.395	0.387	0.383	0.386	0.400	0.3	3.5
斯洛文尼亚	0.099	0.097	0.092	0.095	0.097	－0.4	2.1
捷克	2.743	2.589	2.443	2.439	2.671	－0.7	9.5
意大利	0.187	0.184	0.172	0.163	0.180	－0.9	10.4

续表

国家 (地区)	2015 年	2016 年	2017 年	2018 年	2019 年	年均 增长率 （%）	2019 年 同比增长 （%）
爱尔兰	0.153	0.141	0.141	0.140	0.147	−1.0	4.9
西班牙	0.154	0.145	0.145	0.150	0.148	−1.0	−1.3
葡萄牙	0.144	0.145	0.141	0.141	0.137	−1.1	−2.3
德国	0.171	0.167	0.166	0.160	0.163	−1.2	1.7
美国	0.103	0.101	0.100	0.099	0.098	−1.2	−0.8
爱沙尼亚	0.097	0.093	0.090	0.092	0.091	−1.5	−0.4
奥地利	0.125	0.123	0.115	0.115	0.117	−1.7	1.8
韩国	117.049	115.287	110.463	107.811	107.081	−2.2	−0.7
希腊	0.122	0.120	0.124	0.113	0.111	−2.4	−1.5
丹麦	1.117	1.159	1.063	1.073	0.995	−2.8	−7.3
匈牙利	30.139	28.065	26.729	26.780	25.915	−3.7	−3.2
中国	**0.663**	**0.652**	**0.595**	**0.573**	**0.551**	**−4.5**	**−3.9**

资料来源：https：//data.worldbank.org/indicator/FP.CPI.TOTL。

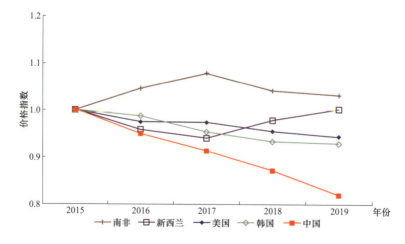

图 4-13　2015—2019 年部分国家实际销售电价总水平走势比较

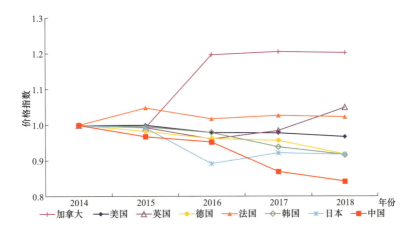

图 4-14　2015—2019 年部分国家实际平均销售电价走势比较

4.5.2　分类销售电价

（一）工业电价

2015—2019 年 29 个国家（地区）工业电价如表 4-9 和图 4-10 所示，去除通货膨胀影响后所得到的实际电价如表 4-14 和图 4-15 所示。表 4-14 与表 4-9 对比可见，在剔除通货膨胀因素后工业电价年均增长率为负的国家（或地区）数量由 11 个变为 18 个，即实际上大多数国家电力行业对工业提供支撑的竞争力水平是提高的。土耳其剔除通胀因素后，其工业电价年均增长率由 18.5% 变为 5.2%。

表 4-14　　2015—2019 年部分国家（地区）工业实际电价情况　　本币元/（kW·h）

国家（地区）	2015 年	2016 年	2017 年	2018 年	2019 年	年均增长率（%）	2019 年同比增长（%）
加拿大	0.082	0.103	0.106	0.103	0.112	8.1	8.7
智利	75.009	81.244	91.646	93.741	100.690	7.6	7.4
瑞典	0.496	0.510	0.520	0.578	0.625	5.9	8.1
土耳其	0.305	0.294	0.262	0.292	0.374	5.2	28.1

续表

国家 (地区)	2015 年	2016 年	2017 年	2018 年	2019 年	年均 增长率 (%)	2019 年 同比增长 (%)
英国	0.095	0.092	0.094	0.098	0.107	3.0	9.2
卢森堡	0.065	0.062	0.067	0.068	0.069	1.5	1.5
南非	0.568	0.588	0.604	0.598	0.606	1.6	1.3
波兰	0.338	0.329	0.326	0.334	0.360	1.6	7.8
斯洛伐克	0.118	0.114	0.113	0.116	0.124	1.2	6.9
荷兰	0.081	0.077	0.075	0.076	0.081	0.0	6.6
斯洛文尼亚	0.079	0.076	0.072	0.077	0.080	0.3	3.9
瑞士	0.118	0.132	0.122	0.118	0.117	− 0.2	− 0.8
比利时	0.113	0.116	0.116	0.109	0.112	− 0.2	2.8
法国	0.103	0.096	0.096	0.096	0.101	− 0.5	5.2
芬兰	0.067	0.066	0.064	0.065	0.065	− 0.8	0.0
葡萄牙	0.115	0.112	0.112	0.111	0.111	− 0.9	0.0
爱尔兰	0.119	0.107	0.110	0.108	0.113	− 1.3	4.6
德国	0.131	0.127	0.124	0.119	0.124	− 1.4	4.2
意大利	0.170	0.167	0.155	0.144	0.161	− 1.4	11.8
韩国	111.384	110.004	108.206	105.687	105.387	− 1.4	− 0.3
奥地利	0.098	0.095	0.088	0.089	0.092	− 1.6	3.4
西班牙	0.114	0.105	0.101	0.104	0.105	− 2.0	1.0
爱沙尼亚	0.088	0.085	0.081	0.081	0.081	− 2.1	0.0
美国	0.069	0.067	0.066	0.065	0.063	− 2.2	− 3.1
捷克	2.402	2.170	2.006	1.988	2.200	− 2.2	10.7

国家 （地区）	2015 年	2016 年	2017 年	2018 年	2019 年	年均 增长率 （%）	2019 年 同比增长 （%）
希腊	0.095	0.090	0.095	0.088	0.086	-2.5	-2.3
匈牙利	27.842	25.184	23.681	24.124	23.344	-4.3	-3.2
中国	**0.683**	**0.679**	**0.612**	**0.587**	**0.563**	**-4.7**	**-4.1**
丹麦	0.645	0.660	0.597	0.574	0.519	-5.3	-9.6

资料来源：1.《Energy Prices and Taxes，2nd Quarter 2020》，IEA。

2. https：//data. worldbank. org/indicator/FP. CPI. TOTL。

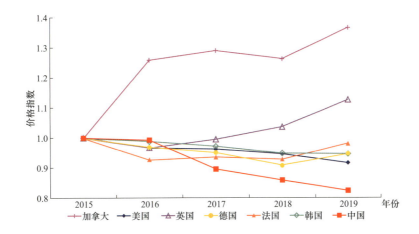

图 4 - 15　2015－2019 年部分国家（地区）工业实际电价走势比较

（二）居民电价

2015－2019 年，31 个国家（地区）近年的居民电价如表 4 - 12 和图 4 - 12 所示，去除通货膨胀影响后所得到的实际电价如表 4 - 15 和图 4 - 16 所示。表 4 - 15 与表 4 - 12 对比可见，在剔除通货膨胀因素后居民电价年均增长率为负的国家（或地区）数量由 7 个改为 18 个，土耳其为去除通货膨胀影响前后增长率变化最大的国家。

表 4 - 15 　　　2015－2019 年部分国家（地区）居民实际电价情况

本币元/（kW·h）

国家（地区）	2015 年	2016 年	2017 年	2018 年	2019 年	年均增长率（%）	2019 年同比增长（%）
比利时	0.216	0.259	0.272	0.262	0.262	5.0	0.0
瑞典	1.438	1.476	1.483	1.625	1.730	4.7	6.4
智利	103.284	110.355	121.921	116.392	123.848	4.6	6.4
加拿大	0.119	0.139	0.137	0.139	0.139	4.1	0.0
芬兰	0.152	0.153	0.160	0.165	0.178	4.0	7.7
荷兰	0.187	0.158	0.155	0.173	0.210	3.0	21.7
澳大利亚	0.282	0.268	0.300	0.316	0.312	2.5	－ 1.2
捷克	3.736	3.786	3.701	3.778	4.069	2.2	7.7
英国	0.151	0.149	0.154	0.162	0.159	1.4	－ 1.7
南非	0.981	1.014	1.058	1.012	1.031	1.3	1.9
法国	0.162	0.164	0.164	0.166	0.171	1.2	2.6
瑞士	0.198	0.201	0.201	0.205	0.208	1.2	1.3
意大利	0.247	0.244	0.231	0.232	0.251	0.4	8.4
爱尔兰	0.228	0.220	0.212	0.216	0.227	－ 0.1	5.2
斯洛伐克	0.154	0.154	0.146	0.148	0.153	－ 0.1	3.9
丹麦	2.117	2.215	2.119	2.211	2.080	－ 0.4	－ 5.9
爱沙尼亚	0.126	0.118	0.117	0.125	0.123	－ 0.5	－ 1.7
西班牙	0.253	0.243	0.254	0.255	0.247	－ 0.6	－ 3.3
新西兰	0.282	0.284	0.282	0.279	0.275	－ 0.7	－ 1.4
卢森堡	0.170	0.163	0.151	0.157	0.164	－ 0.9	4.6
斯洛文尼亚	0.159	0.160	0.156	0.154	0.153	－ 1.0	－ 0.7

续表

国家 （地区）	2015 年	2016 年	2017 年	2018 年	2019 年	年均 增长率 （%）	2019 年 同比增长 （%）
德国	0.295	0.296	0.299	0.288	0.283	−1.0	−1.8
美国	0.127	0.124	0.125	0.121	0.121	−1.1	−0.5
土耳其	0.396	0.382	0.344	0.361	0.374	−1.4	3.8
奥地利	0.200	0.200	0.191	0.186	0.185	−1.8	−0.1
希腊	0.177	0.173	0.177	0.164	0.164	−1.9	−0.5
葡萄牙	0.228	0.231	0.221	0.220	0.210	−2.1	−4.9
波兰	0.618	0.616	0.611	0.602	0.567	−2.1	−5.9
匈牙利	35.775	35.248	34.421	33.609	32.523	−2.4	−3.2
中国	**0.548**	**0.515**	**0.510**	**0.504**	**0.490**	**−2.7**	**−2.7**
韩国	140.636	136.839	119.851	116.332	113.807	−5.2	−2.2

资料来源：1.《Energy Prices and Taxes，2nd Quarter 2020》，IEA。

2. https：//data.worldbank.org/indicator/FP.CPI.TOTL。

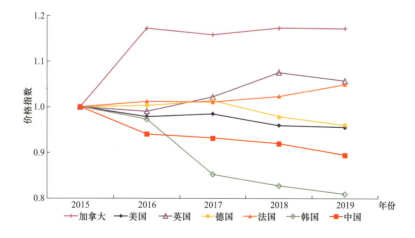

图 4-16　2015—2019 年部分国家（地区）居民实际电价走势比较

4.6 电价比价分析

4.6.1 用户电价比价

2019 年，29 个国家（地区）的居民电价与工业电价比价见表 4-16，平均为 1.87，中国居民电价与工业电价比价小于 1，表明工业用户对居民用户提供较重的交叉补贴。

表 4-16　2019 年部分国家（地区）居民电价与工业电价比价情况

国家（地区）	2019 年	国家（地区）	2019 年
丹麦	4.01	瑞士	1.77
瑞典	2.77	南非	1.70
芬兰	2.72	法国	1.69
荷兰	2.59	波兰	1.58
卢森堡	2.36	意大利	1.56
西班牙	2.35	爱沙尼亚	1.51
比利时	2.34	英国	1.49
德国	2.29	匈牙利	1.39
奥地利	2.02	加拿大	1.24
爱尔兰	2.01	斯洛伐克	1.24
斯洛文尼亚	1.92	智利	1.23
希腊	1.91	韩国	1.08
美国	1.91	土耳其	1.00
葡萄牙	1.89	**中国**	**0.87**
捷克	1.85	**平均**	**1.87**

资料来源：《Energy Prices and Taxes，2nd Quarter 2020》，IEA。

2015—2019 年，29 个国家（地区）的居民用电与工业用电比价见表 4 - 17 及图 4 - 17。我国由于实施居民阶梯电价和差异化调价，使得居民与工业用电比价略有提高。

表 4 - 17　　　　2015—2019 年居民用电与工业用电比价情况

国家（地区）	2015 年	2016 年	2017 年	2018 年	2019 年
奥地利	2.04	2.11	2.17	2.09	2.02
比利时	1.91	2.24	2.35	2.41	2.34
加拿大	1.45	1.35	1.30	1.35	1.24
智利	1.38	1.36	1.33	1.24	1.23
捷克	1.56	1.74	1.85	1.90	1.85
丹麦	3.28	3.36	3.55	3.85	4.01
爱沙尼亚	1.42	1.38	1.45	1.54	1.51
芬兰	2.26	2.32	2.51	2.54	2.72
法国	1.58	1.72	1.70	1.74	1.69
德国	2.25	2.33	2.40	2.43	2.29
希腊	1.86	1.92	1.87	1.87	1.91
匈牙利	1.28	1.40	1.45	1.39	1.39
爱尔兰	1.91	2.05	1.94	2.00	2.01
意大利	1.46	1.46	1.49	1.60	1.56
韩国	1.26	1.24	1.11	1.10	1.08
卢森堡	2.62	2.63	2.26	2.29	2.36
荷兰	2.31	2.06	2.06	2.27	2.59
波兰	1.83	1.88	1.87	1.80	1.58
葡萄牙	1.99	2.06	1.97	1.98	1.89
斯洛伐克	1.31	1.36	1.29	1.28	1.24

续表

国家（地区）	2015 年	2016 年	2017 年	2018 年	2019 年
斯洛文尼亚	2.00	2.11	2.17	2.01	1.92
西班牙	2.23	2.32	2.52	2.44	2.35
瑞典	2.90	2.89	2.85	2.81	2.77
瑞士	1.68	1.52	1.65	1.74	1.77
土耳其	1.30	1.30	1.31	1.24	1.00
英国	1.58	1.62	1.63	1.65	1.49
美国	1.83	1.86	1.87	1.86	1.91
中国	**0.80**	**0.76**	**0.83**	**0.86**	**0.87**
南非	1.73	1.73	1.75	1.69	1.70

资料来源：《Energy Prices and Taxes，2nd Quarter 2020》，IEA。

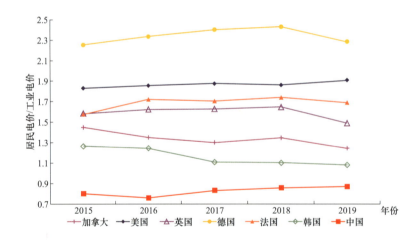

图 4-17　2015－2019 年部分国家（地区）居民电价与工业电价比价

4.6.2　分环节电价比价

2019 年，中国输配电价占销售电价比重在 18 个国家中处于中下等水平，部分国家（地区）输配电价与销售电价的比值见表 4-18。

表 4-18　　　　　部分国家（地区）输配电价占销售电价比重表

国家（地区）	2019 年比值（%）	国家（地区）	2019 年比值（%）
美国	40.8	法国	25.9
爱尔兰	34.7	德国	25.8
捷克	32.8	荷兰	25.5
中国	**32.0**	葡萄牙	25.2
波兰	31.8	丹麦	24.9
比利时	31.1	罗马尼亚	24.5
瑞典	30.9	英国	21.4
奥地利	29.6	韩国	11.2
爱沙尼亚	28.5	**平均**	**28.1**
芬兰	28.2		

资料来源：1. 美国：https：//www.eia.gov/，EIA。
2. 中国：国家能源局。
3. 韩国：韩国电力公司年报。
4. 欧洲国家：https：//ec.europa.eu/eurostat/。

注　1. 美国输配电价为重组后的输配电企业平均电价水平，输配电价与销售电价均为含税价。
2. 韩国输配电价分别为韩国电力公司水平，其中韩国输配电价和销售电价分别为单位输配电成本和含税平均销售电价。
3. 欧洲国家输配电价与销售电价水平均为居民用户和工业用户不含税的输配电价和含税销售电价按电量加权值。
4. 中国输配电价比重采用不含税的输配电价与含税的全国平均销售电价之比。

4.7　电力价格展望

电力价格所受影响因素复杂多样，短期内主要受到电源结构、一次能源价格、供需情况等因素影响，长期看又受所在国产业政策、能源政策等因素影响，导致各国电力价格情况差异较大，本报告仅就我国电力价格进行展望如下：

上网电价。电源结构方面，我国仍将长期以火电为主，电煤价格在 2016—2018 年上涨后，2019 年电煤价格稳中有降，受监管部门加强煤炭中长期合同兑现监管力度和煤炭优质产能释放影响，2020 年电煤价格将延续平稳趋势。电力供需方面，我国风电、光伏等可再生能源大规模发展，发电装机容量稳步增加，加之疫情对用电需求的影响，供过于求局面仍将持续。能源政策方面，2019 年底国家将燃煤标杆上网电价机制改为"基准价＋上下浮动"的市场化价格机制，并要求 2020 年暂不上浮，此外国家大力推行风电、光伏平价、竞价上网，上网电价将承压下降。电力市场方面，目前我国电力市场建设稳步推进，市场竞争成为促进上网电价降低的重要因素，随着市场交易电量的增加，上网电价将进一步下降。综合以上因素，**2020—2021 年，我国上网电价存在下降空间。**

输配电价。2019 年 1 月，国家发展改革委开展了第二轮输配电成本监审工作，要求有效降低企业成本负担。2019 年 3 月起，为落实政府工作报告"一般工商业平均电价再降低 10％"的要求，国家发展改革委采取了降低增值税税率、延长电网企业固定资产折旧年限等措施。2020 年，国家发展改革委完成第二轮输配电价核定工作并出台 2021—2022 年各省级电网、区域电网输配电价。**2020—2021 年，我国输配电价总体水平将有所下降。**

销售电价。2020 年 2 月，受疫情因素影响，国家发展改革委先后出台了支持性两部制电价政策和高耗能行业用户外工商业用户按原到户电价水平的 95％结算价格政策。2020 年 6 月，为落实政府工作报告要求，国家发展改革委出台延长阶段性降低企业用电成本政策，将高耗能行业用户外工商业用户按原到户电价水平 95％结算的价格政策延长至年底。受价格政策影响，2020 年销售电价降继续下降，此外，在降低用能成本背景下，受分环节电价、价格政策和电力市场建设的共同影响，**预计 2021 年，销售电价将有一定幅度的下降。**

4.8　小结

本章从电力生产消费、国内外上网电价、输配电价和销售电价等几个方面对电力价格进行了系统梳理和分析，对电力行业竞争力变化、不同用户电价比价以及分环节电价比价进行了分析，并对价格现象背后的原因进行剖析，最后对未来两年我国电力价格进行了展望。

电力价格既受电源结构、一次能源价格、供需情况的影响，又极大地受到各国产业政策、能源政策的影响，这增加了国内外电价水平比较分析的复杂性。2019年，受电源结构影响，我国上网电价高于大部分欧洲国家，低于韩国、澳大利亚、美国；我国输配电价与欧美国家相比较低，在所比较的国家中仅高于韩国；我国销售电价在国际上处于较低水平，其中工业电价处于中等水平，居民电价处于较低水平，与发达国家相比，我国居民电价低于工业电价，工业用户对居民用户的交叉补贴较为严重。

展望2020－2021年，我国电力供过于求的情况短期内不会改变，受疫情因素影响，随着输配电价改革的深化及电力市场建设的不断推进，在降低用能成本的大背景下，我国平均销售电价将继续下降。

5

专题研究

5.1　输配电成本对标国际经验及启示

成本加收益的输配电价管制方式下，电网成本对标管理既是输配电价实行激励性监管的客观要求，也是电网企业提质增效的现实需要。如何考虑电网客观差异、建立合理电网成本分类管控和对标激励约束机制是输配电成本监管和核价需要重点解决的问题。为规避监管中的信息不对称，越来越多的国际能源监管机构都引入了对标来激励被监管企业提高成本效率。因此，分析国际典型国家的成本对标经验，对我国实行输配电成本对标具有重要的参考价值。

5.1.1　基本情况

标尺竞争是指将被管制企业的绩效与相关企业的绩效结合起来比较，以促使原本各自独立垄断经营的企业之间进行竞争的一种管制方式。在能源网络对标和监管，尤其是电力和天然气部门的配送服务监管中，基于标尺竞争的成本对标被广泛应用于成本核定，以提高能源网络运营的成本效率，并帮助实现经济监管机构设定的立法目标。

对标监管是在不断演进中的。根据信息数据质量和监管完备性的不同，对标可分为两个阶段：第一阶段是作为信息工具阶段，对标结果为监管提供效率信息，主要包括审查被监管企业过去和未来的成本；与利益攸关方商讨确定一组通用的支出项目、产出参数和其他成本动因；采集、整理、提炼数据以达到所需的质量和可比性；初步估算和评估对标结果，对于效率相对较低（即在效率前沿内运行）的被监管企业，监管机构通过与其进行商讨，找出导致成本较高的可能原因。第二阶段是作为确定工具阶段，对标结果为监管提供确定的决策，即监管机构直接利用对标结果确定受监管企业的价格和收入。

数据质量、数据可比性以及对标方法的选择是对标的关键和难点。主要分析这两方面的国际经验，研究对我国的启示。

5.1.2 国际经验

（一）数据质量和可比性

由于企业的差异性、历史数据的一致性和可比性、评估机构的公正公平性、被管制企业可能存在合谋以及确认管制企业的处境是否相似、调整计量差异的统计技术难以控制等原因，成本对标在数据质量和数据可比性上面临极大的挑战。有效的成本对标需要建立清晰、合理的成本分类和分摊规则、规避成本替代的博弈风险（资本性成本和运营成本相互替代），并对运维方式不同引起的成本差异问题进行调整，保证在各企业中统一、一致地实施。

对受监管的公用事业公司进行对标时通常涉及对运营成本、资本性支出和/或总支出（营成本和资本性支出之和）的标准化和比较。从各国经验来看，采用对标的国家中，**对标的成本项目大部分为总支出（包含资本性成本和运营支出），也有的国家对运营支出进行对标，但为了确保对标结果的公平可靠，需要严格区分资本性成本和运营成本的界限，防止企业在两种成本之间进行替代。** 总的来看，与单独的运营成本或资本性支出对标相比，具备更多优势。总支出对标可以避免监管信息不对称引起的博弈问题（对运营成本和资本性支出会计项目的重新分类或者采用多支出不对标成本替代对标成本）以及内部关联交易风险等，可采用较长时间周期对标解决波动性问题避免波动性大的风险。其次，推荐采用运营成本对标。对标成本项目的选择见表5-1。

表 5-1　　　　　　　　对标成本项目的选择

成本项目	特征	优点	局限	解决方式
运营支出	运营和维护有关的支出，包括可变成本和固定成本，包含中间投入/材料、燃料、人工等		存在关联交易的风险，受监管的企业可能会分裂成多个从事与投入相关的关联方交易的微型实体，同时增加投入的支出资本化风险	将运营成本作为一个总量指标在各企业之间进行比较，可以稀释对资产和成本的分摊方式不同所产生的影响

续表

成本项目	特征	优点	局限	解决方式
资本性支出	随着时间推移产生未来收入流的费用，包括购买固定资产的费用、固定资产更新或可延长其使用寿命的固定资产维修的费用，通过研发开发无形资产，或获取版权、商标、商业秘密和专利等无形资产的费用		波动性大；运营支出与资本化界面难以严格区分	一般采用自下而上的方法来审查单个企业的特定类别支出额（如资产置换支出）或资本性支出总额的合理性，也可以采用一些简单的资本性支出对标，例如对趋势或比率的分析
总支出	运营支出和资本性支出之和	可以避免监管信息不对称引起的博弈问题	总支出会受投资的波动性、不可分割性和周期性的影响，年度波动较大，同时受企业支出模式影响	采用较长时间周期对标解决波动性问题，或对运营成本的独立评估以对此类费用的年度波动进行控制
总成本	折旧、运营成本和资本收益		各企业资本价格和折旧情况（资产估价、资产寿命和折旧模式）存在显著的差异；对信息量的要求大，需要一系列历史资本投资信息以及资产评估	针对几年内或更长时间内的支出进行对标，统一各企业的折旧方式难度大

（二）对标方法

在能源网络对标和监管方面，国际上的成本对标方法主要有五种：随机前沿分析（Stochastic Frontier Analysis，SFA）、计量经济法（Econometric Method，EM）、部分绩效指标法（Partial Performance Indicators，PPI）、基于指数的全要素生产率分析（Total Factor Productivity，TFP）和数据包络分析（Data Envelopment Analysis，DEA）等。

从应用情况来看，**每种对标方法都有一定的适用场景**。爱尔兰、英国、荷兰、新西兰、加拿大安大略省以及澳大利亚能源管理局（Australian Energy Regulator，AER）和其他澳大利亚能源监管机构使用了 PPI 或单位成本对标法；新西兰、德国、奥地利、加拿大安大略省、美国的部分州（如加利福尼亚州）和澳大利亚北部地区公用事业委员会使用了基于指数的 TFP 方法；奥地利、英国、爱尔兰、加拿大安大略省和美国加利福尼亚州使用了计量经济法；德国、芬兰和瑞典使用了 SFA；芬兰、挪威、荷兰、德国、奥地利和澳大利亚的新南威尔士州独立定价与监管仲裁庭（Independent Pricing and Regulatory Tribunal，IPART）使用了 DEA。

各类方法都有相应的适应条件和前提，其中监管方式和样本条件是决定各种方法的最根本因素。从方法类型上来看，部分性能指标法、全要素生产率分析法和数据包络分析法属于非参数方法，原理相对简单且好操作，其余属于参数类型方法。从对样本和信息的要求来看，部分绩效指标法最少，数据包络分析法其次，计量经济法和随机前沿分析法要求非常高，一般难以满足。英国的配电和配气网络采用简化的计量经济学对标分析，并与特定活动的自下而上评估相结合，在样本量比较大的国家德国、芬兰和瑞典的监管机构则采用了随机前沿分析法。从衡量标准来看，部分绩效指标法所衡量的是单要素生产率和单位成本；全要素生产率分析法衡量的是生产率的变化趋势；计量经济法所衡量的是标杆电网企业的成本函数；随机前沿分析法衡量的是标杆企业的成本边界；数据包络分析法则分析的是所有可行的投入产出组合的集合。各国对标技术及成本项目的选择见表 5-2。

表 5-2 各国对标技术及成本项目的选择

国家或地区	最近的价格审查所使用的对标技术	对标成本项目
爱尔兰	单位成本法，参考网络分析	总支出（运营成本和资本性支出）
芬兰	数据包络分析、修正普通最小二乘法、随机前沿分析、单位成本法	总支出（运营成本和资本性支出）

续表

国家或地区	最近的价格审查所使用的对标技术	对标成本项目
英国	计量经济法、单位成本法（流程/活动）、PPI	总支出（运营成本和资本性支出）
拉脱维亚	参考网络分析	总支出（运营成本和资本性支出）
荷兰	数据包络分析、随机前沿分析	总支出（运营成本和资本性支出）
葡萄牙	数据包络分析、修正普通最小二乘法、随机前沿分析、参考网络分析	总支出（运营成本和资本性支出）
巴西	数据包络分析	运营成本
澳大利亚	单位成本法（流程/活动/公司）、DEA、TFP	运营成本，资本性支出
美国	TFP、计量经济法	运营成本
加拿大	PPI、TFP	总支出（运营成本和资本性支出）
德国	数据包络分析、随机前沿分析	总支出（运营成本和资本性支出）

从国际监管实践调查研究可以看出，利益相关者和监管机构为提高成本对标的准确性，采用了以下措施：

与业界进行了广泛磋商，并将行业观点纳入了对标制度，提供了合理的论据。例如，英国天然气和电力市场监管机构（Ofgem）在应用电力对标时，多年来坚持广泛的咨询。

成本对标多运用于配电，输电对标受到样本量、体制的限制，面临更大的挑战。对标通常在采用相同会计制度和技术标准的个体间进行，输电对标在样本量不足的情况下，可适当采用国际对标。在样本量较小的情况下，监管机构通常不太重视对标研究结果。例如，爱尔兰只有两个天然气网络，英国有八个网络，由四家公司持有。由于可用样本量有限，英国的天然气配气网络对标分析与特定活动的自下而上评估结合起来，为监管机构确定有效成本提供相关信息。相比之下，德国和奥地利具有较大样本量，在天然气配气监管决策中，在很大程度上依赖对标结果。

综合采用多项对标技术。考虑到使用不同方法可能产生的不同结果，监管机构往往不会单独依赖一种方法进行对标。他们要么通过采用两种或多种方法共同确定对标结果；要么先主要基于一种方法进行对标，然后通过灵敏性分析测试其他方法结果的鲁棒性，以此确定最终的对标结果。芬兰和德国将 SFA 和 DEA 方法得到的结果结合起来，奥地利将 DEA 和修正普通最小二乘法（Modified Ordinary Least Squares，MOLS）得到的结果结合起来，安大略省监管机构将计量经济法和单位成本模型得到的结果结合起来。最后，英国的 Ofgem 比较了根据 OLS 和 DEA 方法得出的配电网络排名，以测试这些结果的敏感性。德国监管机构使用 DEA 和 SFA 来确定天然气和电力配送网络的比较绩效。该机构还使用基于指数的 TFP 方法来确定所有网络常见的生产率变化。一些美国受监管企业提交了基于指数的 TFP 研究，以证明其在 CPI-X 价格/收入路径下的生产力抵消系数的优先值。在这种情况下，也可使用计量经济方法来支持初步分析。

5.1.3 启示

通过梳理典型国家成本对标方法与经验，可以得出如下启示，供监管机构和被监管企业参考：

一是应明确我国输配电成本对标监管所处的阶段和预期用途。对标信息工具阶段，在成本数据质量和可比性尚不高的情况下，采用对标的主要目的是筛选出效率相对较低（即在效率前沿内运行）的被监管企业，监管机构通过与其进行商讨，找出导致成本较高的可能原因，从而有针对性地提高效率；确定性工具阶段，对标结果可直接确定被监管企业的价格或收入。我国输配电成本对标监管刚刚起步，尚处于信息工具阶段，为提高对标的有效性，需要加强数据质量和可比性研究，夯实对标基础。

二是在采集数据时，应谨慎行事，以确保数据集包含了最全面的信息，对

数据进行深入审查，以确保数据的一致性、可比性和质量。在对标过程中，可能需要对数据进行适当调整，以确保在不同环境中运行的被监管企业之间形成有效的比较。

三是电网成本对标方法较多，但各类方法有相应的适应条件和运行前提，选取与国情、网情以及省情相适应的对标方法是关键所在。输配电成本对标监管过程中，需要充分深入探求成本动因，客观考量环境因素造成的成本差异，充分考虑不同方法的特征和适用性，通过反复论证和分析比较选取合适的方法。

5.2　国外零售电价套餐经验及启示

随着新一轮电力改革的不断深入，未来电力市场的竞争将愈演愈烈。要想在激烈的竞争中生存并发展壮大，售电公司必须进一步采取差异化的产品和定价策略，电力市场产品将不断多元化。本节系统梳理了美国、英国、日本、澳大利亚等国家电价套餐制定的经验，以为我国电价套餐制定提供借鉴。

5.2.1　美国套餐经验

第一能源（Direct Energy）公司是北美最大的电力、天然气以及家庭和商业能源辅助服务零售供应商之一，拥有近 400 万名客户。在得州，当新客户注册 Direct Energy 并选择套餐时，会直截了当地面临一个电能套餐选项系统（Direct Your Plan），从这些选项中可以创建想要的套餐，包括合同期限长度、能效特点（可再生能源配比）、智能产品、结算选项、奖励和更多。具体内容为选择适合的电能服务类型和服务条款，确定是否需要可再生能源，然后从一系列有效产品，套餐和服务中进行选择。

Direct Energy 公司推出了得州可再生能源计划产品，即用户可以根据协议购买 100％或者部分可再生能源计划支持的产品。而包括 Direct Energy 公司在内的得州零售电力供应商的电力套餐体系按定价模式可分为以下三类：

（1）固定费率。指合同期内的每千瓦时电价不会发生变化，是售电套餐的主流。合同时间一般较长，达到 9～18 个月。固定费率下用户的月电能费用与用电量具有线性关系，且由于套餐合同期较长，固定费率不能及时体现市场价格的变化，因而售电公司需要承担实时市场电价变化的风险，这也是此套餐为客户青睐的主要原因。Direct Energy 的固定费率产品的合同期限为 3 个月或 3 个月以上，在同意至少提前 14 天通知公司取消产品协议的情况下可以不受惩罚的更换产品，否则需要支付取消费。

（2）可变费率。不设合同期以及取消费，费率的变化取决于市场电价以及售电公司的定价策略，因而可能会出现由于自然灾害以及突发性市场情况而呈现电价疯涨的情况。可变费率波动性较大，不同用电量的平均电价具有相同的整体变化趋势，且用电量越多，平均电价越低。与此同时，电力用户也可以根据售电公司提供的历史平均电价变化趋势预测下个月的电价，从而合理安排下个月的购电方案。这种套餐和下面的指数费率套餐一样属于动态电价套餐，即将市场风险部分或全部地由售电公司转移给了电力用户。不同公司每个月收取的费率各不相同，但由于客户可以随时切换，所以公司一般保持较低的费率才能吸引顾客。

（3）指数费率。指数费率也称为市场费率，类似于可变费率，费率不断调整变化。不同之处在于这些计划的费率直接与公开的指数定价公式相关联，如果指数上涨，月度利率也会上涨，但如果指数下跌，利率也将会降低。各售电公司的指数定价公式以及指数变化规律都有不同。考虑这些计划的客户应向电力公司询问有关定价公式的具体情况，以及他们将如何以及何时收到关于指数变化的通知。由于在休斯敦地区 Direct Energy 公司没有推出指数产品，下面以零售供应商 TXU Energy Retail Company 为例，该零售商针对得州中心区休斯敦的服务零售套餐 TXU Energy Free Nights & Solar Days 12SM 就是典型的指数费率计划产品，其定价公式为：

$$P = \frac{C_b + C_d + Q \times (p_e + c) - Q_n \times (p_e + c)}{Q}$$

式中，P 为平均电价，单位为美分/（kW·h）；C_b 为基本费用，单位为美元；C_d 为月输配电费基础部分，单位为美元；Q 为月用电量，单位为 kW·h；P_e 为售电公司收取的单位电能使用费，单位为美分/（kW·h）；c 为单位电能输配电费，即每千瓦时电量传输应付的输配电费用，单位为美分/（kW·h）；Q_n 为夜间用电量，指从当日 21：00 至第二日 5：59 时间段内所使用的电量，单位为 kW·h，并且指数费率计费需要客户配备智能计量器。

Direct Energy 公司现有的售电套餐（针对得州休斯敦地区，电价为 2000kW·h/月的平均使用量时的电价）见表 5 - 3。

表 5 - 3　　　　　　　　Direct Energy 公司现有的售电套餐

套餐	电价	合同期限	费率	产品特色
Live Brighter 12	11. 7 美分/（kW·h）	12 个月	固定费率	12 个月合约价格不随季节变化，提供最可靠的客户电能支持
Free Power 100	12. 1 美分/（kW·h）	12 个月	固定费率（除周末外）	每周末免费供电（从周五下午 6 点开始，比最强竞争对手多两个小时），VISA 预付卡（信贷产品）只需支付 100 美元即可注册
Connect to Control 24	11. 7 美分/（kW·h）	24 个月	固定费率	免费安装 Hive Starter Pack（亚马逊 Alexa 的智能灯光和电器控制器）
Bright Choice	11. 8 美分/（kW·h）	1 个月	可变费率	月度浮动利率，无长期合同或取消费用，随时切换到固定费率套餐，可享受季节性定价优惠
GreenTexas 12	12. 1 美分/（kW·h）	12 个月	固定费率	提供绿色能源计划，以 100% 的可再生能源发电
Free Power Weekends 24	12. 1 美分/（kW·h）	24 个月	固定费率	每周末免费供电，VISA 预付卡服务

数据来源：https：//business. directenergy. com/。

5.2.2 英国套餐经验

（一）居民零售电价套餐

以英国天然气公司（British Gas）公司为例，该公司目前主要为超过1100万家庭和企业提供天然气、电力、智能仪表等能源产品和服务。该公司根据不同用户消费需求制定的不分时段的 4 种基本电价套餐见表 5-4。

表 5-4　　　　　　　British Gas 公司基本零售电价套餐

套餐名	特　　点	注意事项
简约化套餐	使用两种清洁能源燃料的用户每年有 15 英镑的优惠折扣；缴纳电费时使用直接划账用户可以有 6% 的折扣；分区域实行不同电价	售电公司拥有主动的调价权，电费单价可以被售电公司随时调整
约定时间前网上自助管理套餐	是 British Gas 公司目前最便宜的套餐；需要各电力客户通过在线系统对自己的用电情况开展管理，公司不提供相关的用电管理咨询和相关技术指导；用户可以在规定时间前得到比简约化套餐少 4% 的单位电价	签订了该套餐合同后，客户如果在未达到合同期满时变更或者取消套餐，售电公司有权向客户收取一定的额外费用作为赔偿
约定时间前固定费率套餐	对于使用该套餐的用户，电费单价可以在约定时间前保持不变	—
预付电费式套餐	用户需要预先进行电费充值，充值后根据所用的电量即时收取电费	—

苏格兰电力（Scottish Power）公司属于英国前六大供应商之一，为英国 500多万人供应电和煤气，其 2018 年 4 月的最新居民零售电价套餐产品见表 5-5。

表 5-5　　　　　　2018 年 4 月 Scottish Power 公司零售电价套餐

套餐名	类型	退出费	说　　明
Help Beat Cancer Fixed Price Energy April 2020 v2	固定电价	无	售电公司拥有主动的调价权，电费单价可以被售电公司随时调整

续表

套餐名	类型	退出费	说　明
Help Beat Cancer Fixed Saver April 2020 v2	固定电价	无	该电价套餐有效期至 2020 年 4 月 30 日，此套餐适用于具有多费率电表客户的单一费率版本，双燃料用户可享受每燃料 5.25 英镑/年的折扣
Help Beat Cancer Fix and Save Energy April 2020 v2	固定电价	无	该电价套餐有效期至 2019 年 4 月 30 日，双燃料用户可享受每燃料 5.25 英镑/年的折
Online Fixed Price Energy April 2019	固定电价	本公司套餐间进行转换无退出费用；更换新供应商提供的套餐，退出费用为每种燃料 30 英镑	该电价套餐有效期至 2019 月 4 月 30 日，双燃料用户可享受每燃料 5.25 英镑/年的折扣
Online Fixed Saver April 2019	固定电价	本公司套餐间进行转换无退出费用；更换新供应商提供的套餐，退出费用为每种燃料 30 英镑	该电价套餐有效期至 2019 年 4 月 30 日，双燃料用户可享受每燃料 5.25 英镑/年的折扣
Online Fix and Save April 2019	固定电价	本公司套餐间进行转换无退出费用；更换新供应商提供的套餐，退出费用为每种燃料 30 英镑	该电价套餐有效期至 2019 月 4 月 30 日
Standard	可变电价	无	此电价套餐无截止日期，双燃料用户可享受每燃料 5.25 英镑/年的折扣

资料来源：https：//www. scottishpower. co. uk/gas - and - electricity/tariffs/。

（二）商业零售电价套餐

ScottishPower 公司 2018 年 4 月的商业零售电价套餐产品见表 5 - 6。

表 5-6　　　　　　　　　　　**ScottishPower 商业零售电价套餐**

套餐名称	套餐类型	退出费用	说　　明
Business Fixed	固定电价	无	该套餐固定价格为 1、2 或 3 年，供应商提供在线账户管理
Standard Fixed	固定电价	无	该套餐固定价格为 1 年，该套餐不适用于终止续约的用户
Standard Variable	可变电价	无	该套餐价格可变，随时上涨或下跌；套餐价格通常高于固定电价套餐产品
Deemed	可变电价	无	该套餐为当用户选择了 ScottishPower 供应商但未签订电价合同时的默认产品，价格可变，随时上涨或下跌；套餐价格通常高于固定电价套餐产品

5.2.3　日本套餐经验

东京电力公司针对用户需求，为用户提供了多种电价套餐，主要类别包括阶梯电价套餐、分时电价套餐、分时阶梯电价套餐、早晚优惠套餐、周末优惠套餐、季节性套餐等。丰富的电价套餐旨在公平分担用电成本、引导用户合理用电、满足用户的多样化需求，现对上述的七类套餐的特点以及制定目的进行总结见表 5-7。

表 5-7　　　　　　　　　　　**东京电力公司电价套餐体系**

套餐类别	特　　点	目　　的
阶梯电价套餐	分档电量进行差别定价	提高用电效率、补贴低收入居民
分时电价套餐	峰谷时段进行差别定价	削峰填谷、降低调峰成本
分时阶梯电价套餐	高峰时段的分档电量进行差别定价	提高用电效率、降低调峰成本
周末优惠套餐	周末差别定价	丰富套餐种类、满足特定用户需求
季节性套餐	夏季的高峰时段差别定价	削峰填谷、降低调峰成本
早晚优惠套餐	所选时段（早、晚）用电价格相对低廉	丰富套餐种类、满足特定用户需求
合同购电套餐	支付固定的费用购入合同电量	丰富套餐种类、满足特定用户需求

5.2.4　澳大利亚套餐经验

澳大利亚零售电价套餐主要包括零售电价套餐、太阳能套餐、绿色能源套餐。下面主要对这三类典型零售电价套餐分析。

（一）零售电力套餐

以澳大利亚 AGL 公司为例，首先电价套餐分为居民用户电价套餐以及商业用户电价套餐，然后按照合同期限分为无固定期限合同、一年期合同、两年期合同，其中无固定期限合同为固定合同。针对不同期限的合约分为灵活电价套餐、单一费率电价套餐、两费率电价套餐、需求定价电价套餐以及使用时间电价套餐等形式。澳大利亚零售电价套餐如图 5-1 所示。

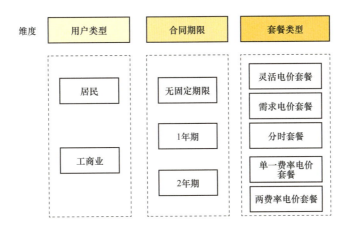

图 5-1　澳大利亚零售电价套餐

灵活电价套餐。灵活电价套餐将用电年度划分为夏季与非夏季，按照周中与周末以及用电时间将用电负荷划分为高峰、平段与低谷 3 个档次。

需求电价套餐。需求电价套餐将用电年度划分为夏季与非夏季，并将用电负荷分为两大类：星期一至星期五的下午 3 点至下午 9 点、其他时段。

分时电价套餐。周末电价套餐按照时间段将用户用电时间分为两部分：周一至周五的上午 7 点至下午 11 点、剩余时间段。

单一费率电价套餐。单一费率电价套餐按照电量，以 91 天为一个周期，将用户用电量分为两部分：前 1020kW·h、剩余电量。以居民用户为例，其具体电价信息见表 5-8。

表 5-8 单 一 费 率 电 价 套 餐

单一费率套餐	价格（除去 GST）	价格（包括 GST）
服务费（澳分/天）	125	137.5
每 91 天前 1020kW·h［澳分/（kW·h）］	31	34.1
剩余电量电价［澳分/（kW·h）］	34	37.4

两费率电价套餐。两费率电价套餐同单一费率电价套餐相似，其主要区别在于用户是否有受控负荷，如蓄热式热水器、蓄热式锅炉等。以居民用户为例，其具体电价信息见表 5-9。

表 5-9 两 费 率 电 价 套 餐

两费率电价套餐	价格（除去 GST）	价格（包括 GST）
服务费（澳分/天）	125	137.5
每 91 天的前 1020kW·h 电价［澳分/（kW·h）］	31	34.1
剩余电量电价［澳分/（kW·h）］	34	37.4
适用于具有控制负荷的客户，并由经销商确定其应用小时数	20	22

（二）太阳能套餐

澳大利亚安装了超过一百万的住宅太阳能系统，而且数量还在持续增加，政府为安装太阳系统的用户给予提供小规模技术证书（Small - Scale Technology Certificates，STC）形式的激励措施，以帮助用户降低太阳能基础设施的前期成本。用户可获得的补贴额取决于多种因素，例如光伏系统的大小和位置以及系统安装时证书的价格。为了获得 STC 的资格，太阳能系统需要由清洁能源委员会认可的安装人员安装。

用户安装太阳能系统后，仍然需要与提供太阳能计划的能源供应商联系，订购太阳能电力套餐，然后供应商可以为用户提供任何电力需求，以防太阳能系统无法为用户生成足够的太阳能。如果太阳能系统最终产生了过量的电力，过量电力将会全额上网，用户可获得额外电量收益。以 AGL 公司为例，其太阳能能源计划主要包括 5 部分：**一是按时付费折扣**。如果用户按时支付全额费用，用户可以在能源计划期间享受 21％的折扣。**二是在线注册信用**。当用户在线注册时，AGL 公司会根据用户的第一份 AGL 法案向用户发放一次性信用证，并降低电力或天然气的供应价格，一次性信用不可转让。**三是在线双倍奖励**。当用户同时使用 AGL 公司的天然气套餐以及电力套餐时，可获得额外 50 澳元的信用额度，可以用于抵消电费。**四是合同细节**。合同期限为 12 个月，不收取退出费用。**五是上网电价**。上网电价是用户的太阳能光伏系统接入电网时所获取的价格，价格为 11.1 澳分/（kW•h），上网电价并非固定不变。

（三）绿色能源套餐

澳大利亚在 1997 年成立国家绿色电力计划，计划主要目的在于发展可再生能源，促进可再生能源设备的快速设置，并增加消费者对绿色电力的需求，以及负责绿色电力产品的品质认证。为促进可再生能源全面发展，这项绿色电力计划与联邦的可再生能源目标并行实施。

绿色能源套餐的电力来自政府绿色电力计划的绿电产品，主要是风电和太阳能，当用户选择绿色能源 Green Power 电力套餐时，零售商将为用户提供绿色能源认可的可再生能源电力。绿色能源套餐的费用取决于用户的能源计划或协议，表 5 - 10 是一些基于平均家庭的季度电费的估算。

表 5 - 10　　　　　　　　　　绿 色 能 源 套 餐

绿色能源占比	5%的绿色能源	50%的绿色能源	100%的绿色能源
费用（包括 GST）	每周额外 2.00 澳元	每度电额外 2.81 澳分	每度电额外 5.61 澳分
估计额外费用	每周 2.00 澳元或 每季度 26.00 澳元	每周 2.70 澳元或 每季度 35.13 澳元	每周 5.39 澳元或 每季度 70.13 澳元

5.2.5　启示

通过对国外零售电价套餐体系的发展经验进行归纳总结，得出对我国的启示如下：

一是应逐步放开售电市场用户选择权，充分体现用户消费意愿，提升市场效率。赋予用户选择权，提高用户服务质量，是现代市场体系建设的重要任务。从电力行业看，以满足用户服务需求为核心，逐步赋予各类电力用户选择权，是建设有效竞争市场体系的必由之路。结合中国特点和国际经验，根据用户的特性和承受能力，从大工业用户开始，按照电压等级、用电容量和用电类型等分阶段放开用户选择权；稳妥推进电力用户与发电企业直接交易，逐步建立完善直接交易的市场规则、准入和退出机制，探索解决用户交叉补贴、输配电价和辅助服务等关键问题；逐步建立完善售电侧市场运行机制和监管体系，形成售电侧竞争格局，充分发挥价格信号的引导作用，提升市场竞争效率。

二是应满足用户差异化需求，增强用户导向，建立零售电价套餐体系。不同用户的用电时段、用电模式等具有差异性。利用能源互联网，运用云计算、大数据技术实现信息流、能源流和价值流的交叉互动，售电公司应基于海量数据，利用云平台充分了解用户多种多样的能源诉求，深入分析用户的负荷特性和用电行为，针对不同类型的用户提出多样化的电价套餐，增强用户的可选择性，实现不同用户的节能减排和电能成本降低，以吸引和保留用户。

三是应组合电价套餐维度，确定合理电价费率，优化电价套餐体系。电价套餐体系包括套餐维度和电价费率。针对售电市场不同用户的套餐设计的维度是不变的，依据用户特点，将分档电量、峰谷时段、高峰时段的分档电量、周末差别、夏季高峰时段差别、合同期限（合同费用、预付费）、绿色能源供电比例等维度组合设计不同的电价套餐。套餐中还包括基准电价、预付费、最低使用费、燃料费调整、合同费用、切换服务费、终止服务费、奖励费、延期付款罚款等资费维度。

四是应提供多样化增值服务，增加售电公司市场竞争力。售电公司为促进电价套餐销售提供多样化的增值服务。根据用户类型制定差异化的电价套餐体系和服务策略是售电公司的重要营销手段，通过引导用户错峰用电降低用户用电成本以及提高电力系统安全性，并注重技术研发来调节用电负荷，提高能源利用效率。未来的售电公司是一个服务型企业，随着零售市场机制的逐渐完善，售电公司更好把握售电侧市场放开带来的机遇，将在全方位、综合性的增值服务能力上进行竞争。

5.3 国外分时电价政策及启示

目前，分时电价政策在国外普遍实施，其是否实施主要受到用户分时数据采集、计量可行性的影响，一般大工业用户普遍执行分时电价，居民也可选择执行分时电价套餐。本节主要介绍美国加州、英国和澳大利亚现行分时电价情况并重点介绍加州分时电价时段划分方法，以及对我国分时电价制定的启示。

5.3.1 美国加州分时电价

美国加州电价以三年为周期制定，针对主要公共事业公司，一般包括两个定价阶段。其中，第一阶段主要是确定公共事业公司的准许收入，包括从各环节、各类用户所需要回收的收入；第二阶段主要是计算边际成本，并依据边际成本制定用户电价套餐。分时电价时段划分和价格调整在第二阶段确定，各公共事业公司需以计算所得的边际成本为依据，向加州监管机构提交时段和价格调整申请，一般来说，时段三年一调整，价格一年内会进行多次调整，其电价套餐更新较快。

目前，加州针对商业、工业和农业用户强制实行峰谷分时电价，电价为事前制定，并保持相对稳定，不依据批发市场价格每日调整。居民用户可选择执行或不执行分时电价。2012 年，加州对居民电价进行改革，2015 年发布 15 - 07 - 001 号决议，要求从 2019 年开始居民用户实施分时电价。目前，PG&E、SCE、SDG&E 等主要事业公司均制定了居民分时电价，由于是初次制定针对居民的分时电价，其时段划分一年一调。

加州 PG&E 公司具有较强的代表性，其根据工商业用户最大需量或年用电量对用户进行分类，主要包括 A - 1、A - 10、E - 19、E - 20 四类套餐，其中 A - 10 套餐中涉分时电价部分见表 5 - 11。其电价套餐中区分季节设定分时电价，不区分工作日和周末，夏季包括峰谷平三种时段，峰、平、谷电价比约为 1.3∶1∶0.8，冬季不涉及峰时段。

表 5 - 11　　　　　　　PG&E 销售电价表示例

需量电费（美元/kW）	二次电压	一次电压	输电电压
夏季	18.80	17.66	11.74
冬季	10.63	10.87	7.96
电量电费（美元/（kW·h））	二次电压	一次电压	输电电压
夏季高峰时段	0.229 80	0.215 99	0.177 24
夏季平时段	0.174 67	0.165 43	0.130 36
夏季低谷时段	0.146 61	0.138 81	0.105 06
冬季平时段	0.145 28	0.141 70	0.118 57
冬季低谷时段	0.128 22	0.125 82	0.104 00

时段划分如下：

夏季 5 月 1 日至 10 月 31 日

峰时段 12∶00—18∶00 周一至周五

平时段 8∶30—12∶00 18∶00—21∶30 周一至周五（节假日除外）

　　谷时段 21：30－8：30 周一至周五（节假日除外）、周六、周日、节假日全天

　　冬季 11 月 1 日至 4 月 30 日

　　平时段 8：30－9：30 周一至周五（节假日除外）

　　谷时段 21：30－8：30 周一至周五（节假日除外）、周六、周日、节假日全天

5.3.2　英国分时电价

　　英国电力用户表计类型各异，主要有标准电表、Economy 7 电表、预付费电表、智能电表、Economy 10 电表等类型。其中：标准电表最为常见，其计费为单一价格，无法区分峰谷时段，表计上显示用户用电量信息；Economy 7 电表与标准电表工作方式相同，其主要区别在于可在白天和夜晚分别计费，其夜晚时间价格较低，为连续的 7 个小时，电表上会分行或通过按钮显示白天和夜晚电价；预付费电表需要在用电前预存一定费用；智能电表相对于标准电表会提供更详细的用电信息并会实时将用电信息传给供应商；Economy 10 电表与 Economy 7 电表工作方式相同，但其计价中有 10 个小时（低谷）价格较低，低谷时段并不连续，一般为下午 3 小时、傍晚 2 小时、夜晚 3 小时，相对于标准电表和 Economy 7 电表，英国电力供应商对 Economy 10 表计的支持力度较小。

　　根据表计的不同，英国电力供应商提供不同的电价套餐，以 Economy 7 为例，套餐将一天分为两段，即白天和黑夜，白天价格较高，夜晚价格较低。价格较低时段持续时间为 7 小时，一般落在 22：00－8：30 之间，英国不同时段的低价时间不同，且英国夏令时期间时段会前移一个小时。

　　以 Npower 为例，在供电范围内各个区域电价不同，其 2018 年 10 月 25 日至 2021 年 11 月期间居民不含增值税电价见表 5-12，对于自动扣款（Direct Debit，DD）用户 Npower 公司提供了一定的折扣。

表 5 - 12　　　　　　　　　　　　　　英国 **Npower** 电价表示例　　　　　　　　　　　　英镑

地区	标准费率				Economy 7 费率					
	非DD日固定费用	DD日固定费用	非DD电量电价	DD电量电价	非DD日固定费用	DD日固定费用	非DD电量电价-白天	非DD电量电价-夜晚	DD电量电价-白天	DD电量电价-夜晚
Eastern	0.253 6	0.144 0	0.173 8	0.173 8	0.253 6	0.144 0	0.204 6	0.107 6	0.204 6	0.107 6
EMEB	0.259 1	0.149 5	0.168 6	0.168 6	0.259 1	0.149 5	0.197 1	0.113 2	0.197 1	0.113 2
London	0.260 3	0.150 7	0.167 5	0.167 5	0.260 3	0.150 7	0.194 3	0.105 0	0.194 3	0.105 0
Manweb	0.254 3	0.144 7	0.179 9	0.179 9	0.254 3	0.144 7	0.205 8	0.119 8	0.205 8	0.119 8
MEB	0.280 3	0.170 7	0.172 2	0.172 2	0.280 3	0.170 7	0.196 9	0.116 3	0.196 9	0.116 3
Northern	0.296 9	0.187 3	0.167 7	0.167 7	0.296 9	0.187 3	0.190 0	0.116 1	0.190 0	0.116 1
Norweb	0.251 1	0.141 5	0.170 6	0.170 6	0.251 1	0.141 5	0.197 3	0.112 6	0.197 3	0.112 6
ScottishPower	0.275 4	0.165 8	0.168 9	0.168 9	0.275 4	0.165 8	0.192 5	0.116 3	0.192 5	0.116 3
Seeboard	0.255 4	0.145 8	0.177 7	0.177 7	0.255 4	0.145 8	0.207 4	0.109 9	0.207 4	0.109 9
Southern	0.237 5	0.127 9	0.172 9	0.172 9	0.237 5	0.127 9	0.200 0	0.110 8	0.200 0	0.110 8
SWALEC	0.242 8	0.133 2	0.175 2	0.175 2	0.242 8	0.133 2	0.198 5	0.120 4	0.198 5	0.120 4
Yorkshire	0.284 3	0.174 7	0.168 9	0.168 9	0.284 3	0.174 7	0.191 1	0.116 2	0.191 1	0.116 2

5.3.3　澳大利亚分时电价

澳大利亚电力零售按照行政州开展，普遍为包括居民在内的用户提供分时电价套餐，各州套餐各异，下面以 EnergyAustralia 在新南威尔士首府悉尼的套餐为例进行说明。

电价区分居民和工商业，在不同用户类别下又进一步细分为计划，不同计划在价格折扣、折扣条件、计划执行时长、计划退出费用、可再生能源占比等存在差异，居民用户包括 Anytime Saver、Secure Saver、Flexi Saver 和 No

Frills 四类计划，工商业用户包括 Every Saver、Flexi Saver 和 No Frills 三类计划。在每一类下又进一步细分为分时电价（Time of Use）、单一电价（Single Rate）、低谷电价（Off Peak）、受控负荷（Controlled Load）和光伏补贴电价（Solar Feed-in Tariff）等类型。用户套餐形式多样，仅居民用户 Anytime Saver 计划下就包括 5 Day Time of Use with Controlled Load 1 and 2、Peak Only、5 Day Time of Use with Controlled Load 1、5 Day Time of Use、Peak with Controlled Load 1 and 2 等多种套餐。

居民和工商业用户均可执行分时电价，仅周末峰谷时段存在差异，工作日周一至周五的时段划分相同。居民 Anytime Saver-5 Day Time of Use 中供电费（supply charge）为 106.04 澳分/天，电量电费在18.92~59.29 澳分/（kW·h）之间，具体的分时电价电量电费及时段划分见表 5-13 和表 5-14，可见其在电价套餐区分了冬季和夏季、工作日和周末，且冬季和夏季的峰谷平时段划分不一致。

表 5-13　　居民 Anytime Saver-5 Day Time of Use 电量电价　　澳分/（kW·h）

季　节	工作日/周末	峰时段	平时段	谷时段
夏季 （11月1日— 次年3月31日）	周一至周五	14：00—19：59	07：00—13：59、 20：00—21：59	22：00—06：59
	电量电价	59.29	31.02	18.92
	周末	—	07：00—21：59	22：00—06：59
	电量电价	—	31.02	18.92
非冬夏 （4月1日— 5月31日）	周一至周五	14：00—19：59	07：00—13：59、 20：00—21：59	22：00—06：59
	电量电价		31.02	18.92
	周末	—	07：00—21：59	22：00—06：59
	电量电价	—	31.02	18.92
冬季 （6月1日— 8月31日）	周一至周五	17：00—20：59	07：00—16：59、 21：00—21：59	22：00—06：59
	电量电价	59.29	31.02	18.92
	周末	—	07：00—21：59	22：00—06：59
	电量电价	—	31.02	18.92

续表

季 节	工作日/周末	峰时段	平时段	谷时段
非冬夏 （9月1日— 10月31日）	周一至周五	14：00—19：59	07：00—13：59、 20：00—21：59	22：00—06：59
	电量电价		31.02	18.92
	周末	—	07：00—21：59	22：00—06：59
	电量电价		31.02	18.92

表 5-14　　　工商业 Every Saver-5 Day Time of Use 电量电价　　澳分/（kW·h）

季 节	工作日/周末	峰时段 14：00—19：59	平时段 07：00—13：59、 20：00—21：59	谷时段 22：00—06：59
夏季（11月1日— 次年3月31日）	周一至周五	39.27	30.58	18.92
	周末		18.92	
非冬夏（4月1日— 5月31日）	周一至周五	30.58	30.58	18.92
	周末		18.92	
冬季（6月1日— 8月31日）	周一至周五	39.27	30.58	18.92
	周末		18.92	
非冬夏（9月1日— 10月31日）	周一至周五	30.58	30.58	18.92
	周末		18.92	

5.3.4　加州分时电价制定过程中主要考虑因素

美国加州分时电价政策制定具有一定的代表性，其分时电价制定需要包括加州 CAISO、PG&E、SCE 等在内的组织/公司的多轮讨论。目前，加州电价套餐均以边际发电成本（包括边际电量成本和边际容量成本）为基础制定，并区分发、输、配、用各个环节。在分时电价套餐中确定最优时段划分时，美国加州普遍在边际发电成本的基础上以净负荷（Net Load）作为划分依据，确定好具体的划分后，依据监管机构批准的总准许收入，根据边际成本确定各用户、各时段所分摊的边际成本比例，并确定最终的电价套餐形式。在制定分时电价过程中，并不考虑用户对价格的响应形式，而是通过定期调整电价套餐

（一年一调或一年多次调整）来达到监管机构所核定的收入。近年来，随着加州风电、光伏等资源的大量接入，其净负荷呈现出"鸭型曲线"，调度运行尤其是常规机组爬坡能力面临较大压力，分时电价时段的调整也逐步提上日程。

PG&E 分时电价制定具有代表性，其时段划分包括五步：第一步是季节的确定，通过分析边际成本最高时段的分布，以确定夏季及冬季时间；第二步是根据高负荷的分布初步确定高峰时段；第三步是通过设定多个场景，对场景进行优选，以使高峰时段尽可能多地包括高边际成本时段（即高负荷时段）同时尽可能将低成本时段（即非高负荷时段）排除在外，以确定最终的高峰时段；第四步是确定平时段；第五步是进一步分析确定高峰时段是仅限定于工作日还是同样在周末执行。

PG&E 在界定高边际成本时间时采用了三种不同的标准，一是以成本最高的 100 个小时为高成本时段，二是以成本最高的 250 个小时为高成本时段，三是以前 5％的时段为高成本时段，一般只采用前两种，但在确定最优的选择比例时并无固定的标准，可对各种比例所得到的结果进行相互验证。

在第一步确定夏季和冬季时，PG&E 选取了 2020 年数据，通过对发电边际成本的分析，得出夏季时段为 6—9 月，具体的分部见表 5 - 15，用户高负荷绝大部分集中在 6—9 月，在其他月份占比较低。

表 5 - 15　　　　　　　　PG&E 高成本时间月度分布

月份	前 250	前 100	月份	前 250	前 100
1 月	1％	0％	7 月	39％	65％
2 月	0％	0％	8 月	24％	28％
3 月	0％	0％	9 月	10％	5％
4 月	0％	0％	10 月	6％	0％
5 月	0％	0％	11 月	8％	0％
6 月	2％	1％	12 月	10％	1％

在第二步初步确定高峰时段时，同样对前 250 和前 100 数据进行时段分布的统计，具体统计结果见表 5 - 16。可知，91％的前 100 高成本时段和 95％的前 250 高成本时段分布在 17：00－20：00，其他时段几乎没有高负荷的分布。

表 5 - 16　　　　　　　　　PG&E 高成本时间日内分布

序号	时段	前 250	前 100
1	0：00－12：00	0％	0％
2	12：00－13：00	0％	0％
3	13：00－14：00	0％	0％
4	14：00－15：00	0％	0％
5	15：00－16：00	0％	0％
6	16：00－17：00	2％	2％
7	17：00－18：00	17％	7％
8	18：00－19：00	31％	30％
9	19：00－20：00	24％	27％
10	20：00－21：00	16％	15％
11	21：00－22：00	6％	12％
12	22：00－23：00	3％	7％
13	23：00－24：00	0％	0％

在第三步确定最终的夏季高峰时段时，通过设定了多个场景，通过计算各个场景的真正率（True Positive Rate，TPR）和假正率（False Positive Rate，FPR）优选场景，从中优选真正率较高且假正率较低的场景。计算得出的场景真正和假正率见表 5 - 17，其中真正率表示预测为正且实际为正的概率，假正率表示预测为正但实际为负的概率。

表 5 - 17 夏季高峰时段场景及真正率、假正率

场景	描　述	真正率（%）	假正率（%）
S - 7	夏季高峰：15：00—21：00 周一至周日	86	22
S - 8	夏季高峰：15：00—22：00 周一至周日	95	26
S - 9	夏季高峰：15：00—23：00 周一至周日	100	30
S - 16	夏季高峰：16：00—21：00 周一至周日	86	17
S - 17	夏季高峰：16：00—22：00 周一至周日	95	21
S - 18	夏季高峰：16：00—23：00 周一至周日	100	25
S - 25	夏季高峰：17：00—21：00 周一至周日	84	13
S - 26	夏季高峰：17：00—22：00 周一至周日	93	17
S - 27	夏季高峰：17：00—23：00 周一至周日	98	21

其中真正率和假正率计算公式如下：

$$真正率＝TP/(TP＋FN)$$

$$假正率＝FP/(FP＋TN)$$

式中，TP 表示高负荷落在所设定的高峰时段的数量；FN 表示高负荷落在所设定的非高峰时段的数量；FP 表示非高负荷落在所设定的高峰时段的数量；TN 表示非高负荷落在所设定的非高峰时段的数量。

第四步为确定平时段，在设定平时段时，一般将高峰时段前后两小时定为平时段，此外，PG&E 采用了与负荷分部相关的参数（如峰值容量分配系数，Peak Capacity Allocation Factor，PCAF）对平时段的设置进行了进一步验证。

在第五步分析设定的高峰时段是否在周末执行时，通过设定并比较不同的场景，计算真正率和假正率，以判断高峰时段是否应在周末执行还是高峰时段仅限定在周一至周五，其场景示例见表 5 - 18，由表可知，虽然将高峰时段限定在周一至周五有效降低了假正率，但相比于假正率，真正率下降的幅度更大，因此得出高峰时段应在周一至周日执行。

表 5 - 18　　　　　　　夏季区分是否包括周末情况下的真正率、假正率

场景	描　述	真正率（%）	假正率（%）
S-26	夏季高峰：17：00—22：00 周一至周日	93	17
S-20	夏季高峰：17：00—22：00 周一至周五	76	12

对于冬季，其分析方法类似于夏季，在制定过程中，PG&E 考虑到冬季的峰谷边际成本价差较小，因此在设定分时电价时只设定了峰、谷两个时段，其冬季场景示例见表 5 - 19。在确定最优的场景时并未单独考虑真正率和假正率两个数值，而是有着多方面的考虑，虽然 W - 31 场景并不是真正率最高的场景（W - 26 场景真正率高于 W - 31 且假正率与 W - 31 相同，W - 26 优于 W - 31），但由于其具有相对较高的真正率和相对较低的假正率，且与已设定的夏季高峰时段一致，便于用户记忆，因此 PG&E 选择了场景 W - 31。对于冬季高峰时段是否包括周末的分析参照夏季分析方法，分析场景见表 5 - 20。

表 5 - 19　　　　　　　冬季高峰时段场景及真正率、假正率

场景	描　述	真正率（%）	假正率（%）
W-25	冬季高峰：16：00—20：00 周一至周日	90	10
W-26	冬季高峰：16：00—21：00 周一至周日	100	14
W-27	冬季高峰：16：00—22：00 周一至周日	100	19
W-28	冬季高峰：16：00—23：00 周一至周日	100	23
W-29	冬季高峰：17：00—20：00 周一至周日	88	6
W-30	冬季高峰：17：00—21：00 周一至周日	98	10
W-31	冬季高峰：17：00—22：00 周一至周日	98	14
W-32	冬季高峰：17：00—23：00 周一至周日	98	19
W-33	冬季高峰：18：00—20：00 周一至周日	59	4
W-34	冬季高峰：18：00—21：00 周一至周日	68	8
W-35	冬季高峰：18：00—22：00 周一至周日	68	12
W-36	冬季高峰：18：00—23：00 周一至周日	68	17

表 5 - 20　　　　冬季区分是否包括周末情况下的真正率、假正率

场景	描述	真正率（%）	假正率（%）
W - 31	冬季高峰：17：00—22：00 周一至周日	98	14
W - 7	冬季高峰：17：00—22：00 周一至周五	76	9

5.3.5　启示

对于峰谷分时电价政策的优化，主要涉及价格政策的及时调整和分时电价制定依据两方面。总结国外分时电价政策和制定方法，可得出如下启示：

一是分时电价政策要及时调整，应与经济社会发展和电力消费变化相协调。从目前来看，我国大部分省份很长时间未调整过分时电价，时段划分已经与实际用电情况不符，不能起到改变用户用电行为，也不能起到促进可再生能源消纳的作用。

二是为促进可再生能源消纳，时段的划分应以净负荷曲线为依据。在电力市场较为完善的国家，可参考现货市场价格作为时段划分的依据，但一般来说，成本较高的火电机组往往是市场价格的决定者。从另外一方面来看，我国可再生能源全额保障消纳，可再生能源的大规模接入侵占了传统火电机组的发电空间，火电机组需要频繁的爬坡或改变运行状态，也不利于与电力系统安全稳定。以系统净负荷曲线为依据，即以火电机组承担的负荷为依据作为时段划分的基础，将净负荷较高时段设定为高峰时段，净负荷较低时段设定为低谷时段，有利于使传统火电机组出力更加平稳，也有利于可再生能源的消纳。

附录 1 各国货币单位及汇率

国家(地区)	货币单位	2005 年	2006 年	2007 年	2008 年	2009 年	2010 年	2011 年	2012 年	2013 年	2014 年	2015 年	2016 年	2017 年	2018 年	2019 年
澳大利亚	澳元	1.313	1.328	1.195	1.198	1.282	1.090	0.969	0.966	1.036	1.109	1.331	1.345	1.305	1.338	1.439
奥地利	欧元	0.805	0.797	0.730	0.684	0.720	0.755	0.719	0.778	0.753	0.754	0.902	0.902	0.887	0.847	0.893
比利时	欧元	0.805	0.797	0.730	0.684	0.720	0.755	0.719	0.778	0.753	0.754	0.902	0.902	0.887	0.847	0.893
加拿大	加元	1.212	1.134	1.074	1.068	1.141	1.030	0.989	0.999	1.030	1.105	1.278	1.325	1.298	1.296	1.327
智利	比索	559.710	530.280	522.230	523.540	558.940	509.980	483.420	485.980	495.280	570.64	654.32	676.96	648.834	641.277	702.897
捷克	捷克克朗	23.950	22.590	20.290	17.080	19.050	19.080	17.672	19.538	19.560	20.758	24.593	24.441	23.376	21.73	22.932
丹麦	丹麦克朗	5.996	5.943	5.443	5.099	5.359	5.622	5.357	5.790	5.618	5.619	6.725	6.731	6.603	6.315	6.669
爱沙尼亚	欧元	0.804	0.797	0.731	0.684	0.720	0.755	0.719	0.778	0.753	0.754	0.902	0.904	0.887	0.847	0.893
芬兰	欧元	0.805	0.797	0.730	0.684	0.720	0.755	0.719	0.778	0.753	0.754	0.902	0.902	0.887	0.847	0.893
法国	欧元	0.805	0.797	0.730	0.684	0.720	0.755	0.719	0.778	0.753	0.754	0.902	0.902	0.887	0.847	0.893
德国	欧元	0.805	0.797	0.730	0.684	0.720	0.755	0.719	0.778	0.753	0.754	0.902	0.902	0.887	0.847	0.893
希腊	德拉马克	0.805	0.797	0.730	0.684	0.720	0.755	0.719	0.778	0.753	0.754	0.902	0.902	0.887	0.847	0.893
匈牙利	福林	199.50	210.40	183.60	172.50	202.10	207.80	200.90	224.80	223.60	232.6	279.2	281.5	274.433	270.212	290.660
爱尔兰	欧元	0.805	0.797	0.730	0.684	0.720	0.755	0.719	0.778	0.753	0.754	0.902	0.902	0.887	0.847	0.893
以色列	谢克尔	4.487	4.457	4.109	3.585	3.927	3.731	3.574	3.850	3.609	3.577	3.887	3.841	3.600	3.591	3.565
意大利	欧元	0.805	0.797	0.730	0.684	0.720	0.755	0.719	0.778	0.753	0.754	0.902	0.902	0.887	0.847	0.893
日本	日元	110.218	116.299	117.754	103.359	93.570	87.780	79.807	79.790	97.596	105.945	121.044	108.793	112.166	110.423	109.010

续表

国家(地区)	货币单位	2005 年	2006 年	2007 年	2008 年	2009 年	2010 年	2011 年	2012 年	2013 年	2014 年	2015 年	2016 年	2017 年	2018 年	2019 年
韩国	韩元	1024.12	954.79	929.26	1102.05	1276.93	1156.06	1108.29	1126.47	1094.85	1052.96	1131.16	1160.43	1130.43	1100.56	1165.499
卢森堡	欧元	0.805	0.797	0.730	0.684	0.720	0.755	0.719	0.778	0.753	0.754	0.902	0.902	0.887	0.847	0.893
墨西哥	墨西哥比索	10.890	10.903	10.930	11.150	13.504	12.632	12.434	13.150	12.770	13.306	15.874	18.627	18.927	19.244	19.264
荷兰	欧元	0.805	0.797	0.730	0.684	0.720	0.755	0.719	0.778	0.753	0.754	0.902	0.902	0.887	0.847	0.893
新西兰	新西兰元	1.421	1.542	1.361	1.425	1.600	1.388	1.267	1.235	1.220	1.206	1.434	1.437	1.407	1.445	1.518
挪威	挪威克朗	6.441	6.415	5.858	5.648	6.290	6.045	5.605	5.815	5.877	6.302	8.064	8.4	8.272	8.133	8.800
波兰	兹罗提	3.234	3.103	2.765	2.410	3.119	3.015	2.962	3.252	3.160	3.154	3.77	3.944	3.779	3.612	3.839
葡萄牙	欧元	0.805	0.797	0.730	0.684	0.720	0.755	0.719	0.778	0.753	0.754	0.902	0.902	0.887	0.847	0.893
斯洛伐克	斯洛伐克克朗	1.030	0.984	0.819	0.709	0.720	0.755	0.719	0.778	0.753	0.754	0.902	0.904	0.887	0.847	0.893
斯洛文尼亚	欧元	0.804	0.797	0.731	0.684	0.720	0.755	0.719	0.778	0.753	0.754	0.902	0.904	0.887	0.847	0.893
西班牙	欧元	0.805	0.797	0.730	0.684	0.720	0.755	0.719	0.778	0.753	0.754	0.902	0.902	0.887	0.847	0.893
瑞典	瑞典克朗	7.472	7.373	6.758	6.597	7.653	7.202	6.489	6.769	6.513	6.860	8.429	8.556	8.549	8.693	9.458
瑞士	瑞士法郎	1.246	1.253	1.200	1.084	1.086	1.043	0.887	0.938	0.927	0.915	0.962	0.985	0.985	0.978	0.994
土耳其	土耳其镑	1.341	1.430	1.300	1.299	1.547	1.499	1.672	1.792	1.905	2.189	2.723	3.022	3.648	4.828	5.674
英国	英镑	0.550	0.543	0.500	0.546	0.641	0.648	0.624	0.631	0.640	0.607	0.655	0.741	0.777	0.750	0.783
南非	兰特	6.359	6.770	7.050	8.260	8.470	7.458	6.780	8.200	9.648	10.847 5	12.759	14.71	13.334	13.234	14.448
中国	人民币元	8.193	7.973	7.610	6.950	6.830	6.807	6.465	6.313	6.193	6.143	6.227	6.644	6.759	6.616	6.908
美国	美元	1	1	1	1	1	1	1	1	1	1	1	1	1	1	1

155

附录 2　计量单位中英文对照表

英文单位	中文单位
t	吨
L	升
m³	立方米
MMBtu	百万英热单位
mcf	千立方英尺
kcal	千卡
kW	千瓦
kW·h	千瓦时
kvar	千乏

附录 3　历 年 能 源 价 格 表

1. 石油价格

附表 3 - 1　2005—2019 年原油期货价格　　美元/桶

项目	2005年	2006年	2007年	2008年	2009年	2010年	2011年	2012年	2013年	2014年	2015年	2016年	2017年	2018年	2019年
WTI	56.7	66.25	72.41	99.75	62.09	79.61	95.11	94.15	98.05	92.91	48.79	43.40	50.80	64.81	57.03
Brent	55.25	66.11	72.66	98.52	62.67	80.34	110.91	111.67	108.70	99.45	52.39	43.73	54.19	71.64	64.16

资料来源：WTI来源 https://www.eia.gov/，Brent 来源 Wind 数据库。

附表 3 - 2　2005—2019 年国际原油现货价格　　美元/桶

国际原油	2005年	2006年	2007年	2008年	2009年	2010年	2011年	2012年	2013年	2014年	2015年	2016年	2017年	2018年	2019年
迪拜原油	49.35	61.50	68.19	94.34	61.39	78.06	106.18	109.08	105.47	97.07	51.20	41.19	53.13	69.51	63.43
布伦特原油	54.52	65.14	72.39	97.26	61.67	79.50	111.26	111.67	108.66	98.95	52.39	43.73	54.19	71.31	64.21
尼日利亚福卡多斯原油	55.69	67.07	74.48	101.43	63.35	81.05	113.65	114.21	111.95	101.35	54.41	44.54	54.31	72.47	64.95
西得克萨斯中质原油	56.59	66.02	72.20	100.06	61.92	79.45	95.04	94.13	97.99	93.28	48.71	43.34	50.79	65.20	57.03

资料来源：《BP 世界能源统计年鉴 2020》。

附表 3－3　2005—2019 年部分国家（地区）原油现货离岸（FOB）价格

美元/桶

国家（地区）		2005 年	2006 年	2007 年	2008 年	2009 年	2010 年	2011 年	2012 年	2013 年	2014 年	2015 年	2016 年	2017 年	2018 年	2019 年
地区	平均	47.6	57.03	66.36	90.32	57.78	74.19	101.66	99.78	96.56	85.65	41.92	45.58	45.58	56.31	54.27
	波斯湾	47.21	56.02	69.93	91.44	59.53	75.65	106.47	105.45	100.62	94.03	46.20	50.16	50.16	66.55	61.43
	OPEC 国家	49.6	59.18	69.58	93.15	58.53	75.23	105.34	104.39	100.57	89.76	43.19	49.55	49.55	65.61	62.11
	非 OPEC 国家	45.79	55.35	62.69	87.15	57.16	73.24	98.49	95.71	93.67	82.95	41.23	43.30	43.30	51.41	52.36
国家	安哥拉	52.48	62.23	67.80	95.66	57.07	78.18	111.82	111.23	107.71	w	w	42.68	w	74.44	66.97
	哥伦比亚	51.89	59.77	67.93	91.17	57.90	72.56	100.21	106.43	101.24	80.75	47.52	35.28	48.34	62.51	60.61
	墨西哥	43.00	52.91	61.35	84.61	56.47	72.46	100.90	101.84	98.40	86.55	44.90	36.22	46.66	62.75	56.72
	尼日利亚	55.95	65.69	76.64	102.06	64.61	80.83	115.35	114.51	110.06	w	w	46.2	54.77	71.41	67.21
	沙特阿拉伯	47.96	56.09	w	93.03	57.87	76.44	107.08	106.65	101.16	95.60	47.53	39.30	51.30	68.23	63.48
	委内瑞拉	46.39	55.8	64.1	88.06	55.58	70.3	97.23	100.15	97.52	84.51	40.73	34.71	45.6	61.25	48.57

资料来源：https：//www.eia.gov/，EIA。

注　w 表示为了避免个别公司数据披露而隐瞒。

附表 3－4　2005—2019 年部分国家原油进口到岸（CIF）价格

美元/桶

国家	2005 年	2006 年	2007 年	2008 年	2009 年	2010 年	2011 年	2012 年	2013 年	2014 年	2015 年	2016 年	2017 年	2018 年	2019 年
奥地利	53.15	64.44	71.86	103.05	60.69	80.00	110.92	112.50	110.63	103.81	55.52	42.89	c	71.12	64.52
澳大利亚	56.71	66.71	77.13	107.83	63.40	82.60	115.66	117.78	114.19	107.05	57.90	46.87	57.36	76.03	70.21
比利时	50.06	61.06	70.35	96.01	61.77	79.65	110.50	110.83	108.45	98.49	51.65	42.06	53.01	70.68	63.78
德国	52.30	63.29	71.60	96.70	61.18	78.49	110.63	112.21	109.62	99.76	52.65	42.80	53.93	70.50	64.43
法国	52.74	63.69	72.22	97.61	61.64	79.78	111.78	112.01	109.56	99.40	53.14	43.48	54.34	71.59	64.98
韩国	50.19	62.82	70.01	98.11	61.12	78.72	108.63	113.24	108.59	101.24	53.32	41.00	53.41	71.56	65.42

续表

国家	2005年	2006年	2007年	2008年	2009年	2010年	2011年	2012年	2013年	2014年	2015年	2016年	2017年	2018年	2019年
荷兰	50.00	61.47	68.74	97.89	60.54	78.55	109.19	111.54	108.55	99.22	51.66	41.62	52.98	69.99	63.96
加拿大	52.37	64.33	70.04	101.41	60.29	79.14	110.80	110.61	108.60	98.60	53.48	43.57	54.43	70.88	63.12
美国	48.82	59.15	66.77	94.97	58.82	76.02	102.43	101.16	97.25	89.43	45.83	37.94	48.18	59.19	56.33
日本	51.57	64.03	70.09	100.98	61.29	79.43	109.30	114.75	110.61	104.16	54.20	41.79	54.32	72.85	66.78
瑞典	51.78	62.50	70.13	95.09	60.58	79.00	110.67	112.36	109.10	97.75	51.19	42.41	54.07	71.49	64.80
西班牙	50.54	60.99	68.66	94.86	59.78	77.84	108.50	109.48	106.77	97.07	49.51	40.08	51.72	69.02	62.84
希腊	50.33	60.97	69.93	93.60	60.10	78.97	109.41	111.92	107.61	95.55	49.32	40.08	c	68.14	62.24
新西兰	56.07	67.36	73.84	105.80	65.85	80.62	112.38	117.70	113.43	105.96	57.99	44.91	56.23	75.68	69.27
意大利	51.33	62.50	70.20	96.67	60.69	79.29	110.23	112.18	109.98	99.09	52.06	42.33	53.06	70.88	64.70
英国	53.79	65.00	73.80	99.34	62.39	80.60	113.49	112.62	110.27	100.07	53.81	44.62	54.76	72.65	65.58
中国	51.20	62.24	66.51	98.37	59.59	76.84	105.43	110.78	106.07	100.63	54.53	41.17	52.43	70.90	65.19

资料来源：1. 国外数据来源于《Energy Prices and Taxes, 2nd Quarter 2020》，IEA。
2. 中国数据来源于《中国统计年鉴 2008 年》～《中国统计年鉴 2019 年》。

注 中国数据根据每年进口量和进口额计算，c 表示数据保密。

附表 3 - 5 2005—2019 年部分国家优质无铅汽油价格　　　　　美元/L

国家	2005年	2006年	2007年	2008年	2009年	2010年	2011年	2012年	2013年	2014年	2015年	2016年	2017年	2018年	2019年
爱尔兰	1.29	1.4	1.53	1.79	1.53	1.72	2.06	2.08	2.11	2.03	1.51	1.42	1.54	1.70	1.58
爱沙尼亚	0.99	1.09	1.2	1.52	1.28	1.47	1.73	1.75	1.74	1.68	1.22	1.18	1.34	1.57	1.5
奥地利	1.28	1.37	1.54	1.77	1.45	1.57	1.89	1.86	1.85	1.79	1.33	1.23	1.33	1.49	1.39
澳大利亚	..	1	1.08	1.25	1.08	1.25	1.58	1.6	1.51	1.42	1.05	0.98	1.08	1.16	1.08
比利时	1.59	1.7	1.9	2.13	1.83	1.93	2.23	2.2	2.19	2.12	1.59	1.48	1.60	1.75	1.65

续表

国家	2005 年	2006 年	2007 年	2008 年	2009 年	2010 年	2011 年	2012 年	2013 年	2014 年	2015 年	2016 年	2017 年	2018 年	2019 年
波兰	1.23	1.28	1.55	1.78	1.32	1.51	1.73	1.75	1.73	1.67	1.23	1.1	1.22	1.37	1.3
丹麦	1.51	1.61	1.79	2.01	1.78	1.91	2.23	2.18	2.25	2.15	1.65	1.55	1.69	1.87	1.78
德国	1.52	1.62	1.84	2.05	1.8	1.88	2.17	2.12	2.12	2.04	1.55	1.44	1.54	1.73	1.61
法国	1.44	1.55	1.74	1.98	1.68	1.78	2.09	2.01	2.04	1.97	1.5	1.44	1.55	1.78	1.68
芬兰	1.51	1.62	1.78	2.08	1.78	1.89	2.17	2.14	2.17	2.12	1.61	1.52	1.65	1.78	1.71
韩国	..	..	..	..	1.40	1.65	1.93	1.98	2.02	2.05	1.66	1.51	1.61	1.71	1.53
荷兰	1.68	1.78	2	2.25	1.87	1.99	2.28	2.26	2.3	2.26	1.73	1.64	1.75	1.91	1.85
加拿大	0.82	0.92	1.01	1.15	0.91	1.1	1.36	1.38	1.37	1.3	0.94	0.86	0.98	1.1	1.02
捷克	1.19	1.31	1.45	1.78	1.43	1.67	1.96	1.88	1.85	1.74	1.27	1.17	1.30	1.48	1.37
卢森堡	1.27	1.36	1.54	1.72	1.44	1.54	1.79	1.78	1.77	1.7	1.3	1.21	1.31	1.44	1.42
美国	0.63	0.71	0.77	0.89	0.65	0.77	0.96	0.99	0.97	0.94	0.7	0.63	0.71	0.81	0.79
墨西哥	0.69	0.72	0.78	0.8	0.7	0.78	0.83	0.83	0.94	1.01	0.89	0.76	0.94	1.00	..
挪威	1.68	1.79	1.99	2.22	1.89	2.1	2.44	2.56	2.51	2.35	1.7	1.61	1.77	1.91	1.78
葡萄牙	1.42	1.61	1.81	2.03	1.72	1.82	2.15	2.11	2.1	2.02	1.59	1.53	1.65	1.82	1.67
日本	1.13	1.18	1.19	1.52	1.29	1.52	1.83	1.84	1.6	1.54	1.14	1.11	1.19	1.36	1.34
瑞典	1.47	1.56	1.74	1.91	1.59	1.81	2.16	2.19	2.21	2.07	1.57	1.52	1.63	1.77	1.67
瑞士	1.23	1.31	1.4	1.65	1.39	1.57	1.95	1.93	1.91	1.88	1.55	1.43	1.53	1.67	1.61
斯洛伐克	1.2	1.33	1.54	1.81	1.55	1.66	2.02	2.00	2.00	1.97	1.45	1.36	1.47	1.62	1.5
斯洛文尼亚	1.14	1.25	1.41	1.56	1.46	1.59	1.8	1.9	1.97	1.92	1.43	1.32	1.43	1.56	1.43
土耳其	1.89	1.94	2.22	2.47	2.02	2.46	2.51	2.51	2.5	2.21	1.66	1.51	1.46	1.3	1.21

续表

国家	2005年	2006年	2007年	2008年	2009年	2010年	2011年	2012年	2013年	2014年	2015年	2016年	2017年	2018年	2019年
西班牙	1.19	1.28	1.42	1.62	1.39	1.54	1.84	1.83	1.9	1.84	1.36	1.28	1.38	1.52	1.46
希腊	1.1	1.21	1.39	1.62	1.4	1.88	2.3	2.23	2.23	2.16	1.62	1.53	1.69	1.87	1.77
新西兰	0.97	1.05	0.18	1.32	1.05	1.34	1.7	1.78	1.82	1.84	1.46	1.38	1.45	1.56	1.49
匈牙利	1.31	1.32	1.51	1.7	1.41	1.63	1.91	1.9	1.87	1.75	1.28	1.18	1.29	1.42	1.32
以色列	1.21	1.32	1.44	1.77	1.51	1.77	2.08	2.01	2.09	2.09	1.65	1.56	1.7	1.82	1.77
意大利	1.52	1.61	1.78	2.02	1.71	1.81	2.16	2.3	2.32	2.27	1.71	1.6	1.73	1.89	1.76
英国	1.58	1.68	1.89	1.96	1.55	1.81	2.14	2.15	2.1	2.1	1.7	1.47	1.51	1.67	1.6
智利	0.98	1.13	1.18	1.2	0.93	1.25	1.52	1.62	1.62	1.54	1.15	1.04	1.14	1.26	1.15
中国	0.45	0.56	0.61	0.82	0.87	0.98	1.17	1.25	1.26	1.26	1.01	0.91	1.02	1.16	1.06

资料来源：《Energy Prices and Taxes, 2nd Quarter 2020》，IEA。
注　价格为含税价格；X表示数据不适用；..表示数据不可用。

附表 3 - 6　　2005—2019年部分国家非商业用车用柴油价格　　美元/L

国家	2005年	2006年	2007年	2008年	2009年	2010年	2011年	2012年	2013年	2014年	2015年	2016年	2017年	2018年	2019年
爱尔兰	1.29	1.37	1.48	1.86	1.42	1.60	1.97	2.00	2.01	1.93	1.39	1.28	1.40	1.58	1.48
爱沙尼亚	1.00	1.09	1.19	1.68	1.26	1.47	1.77	1.76	1.76	1.68	1.20	1.15	1.33	1.54	1.49
奥地利	1.18	1.27	1.42	1.81	1.35	1.46	1.85	1.81	1.80	1.72	1.24	1.14	1.25	1.45	1.35
澳大利亚	0.91	1.01	1.09	1.33	1.05	1.17	1.53	1.55	1.47	1.40	0.97	0.88	0.99	1.12	1.02
比利时	1.29	1.35	1.50	1.83	1.42	1.59	2.00	1.97	1.96	1.88	1.28	1.32	1.50	1.78	1.70
波兰	1.14	1.23	1.36	1.75	1.17	1.41	1.70	1.74	1.73	1.65	1.19	1.05	1.17	1.36	1.32
丹麦	1.28	1.38	1.52	1.86	1.46	1.60	1.95	1.91	2.02	1.90	1.39	1.29	1.41	1.62	1.53

续表

国家	2005 年	2006 年	2007 年	2008 年	2009 年	2010 年	2011 年	2012 年	2013 年	2014 年	2015 年	2016 年	2017 年	2018 年	2019 年
德国	1.32	1.40	1.60	1.95	1.51	1.62	1.98	1.92	1.90	1.86	1.41	1.22	1.33	1.55	1.44
法国	1.27	1.35	1.50	1.86	1.39	1.52	1.90	1.80	1.79	1.71	1.28	1.22	1.39	1.70	1.61
芬兰	1.20	1.28	1.40	1.85	1.38	1.50	1.90	1.99	2.00	1.96	1.43	1.32	1.46	1.64	1.58
韩国	1.05	1.28	1.37	1.47	1.09	1.30	1.58	1.60	1.58	1.56	1.15	1.02	1.13	1.26	1.15
荷兰	1.27	1.36	1.49	1.88	1.38	1.55	1.88	1.86	1.89	1.87	1.36	1.26	1.38	1.58	1.52
加拿大	··	0.86	0.93	1.17	0.79	0.98	1.26	1.26	1.25	1.21	0.86	0.74	0.85	0.99	0.93
捷克	1.16	1.28	1.42	1.86	1.38	1.61	1.94	1.87	1.85	1.75	1.27	1.12	1.26	1.45	1.38
卢森堡	1.05	1.15	1.28	1.62	1.17	1.32	1.62	1.62	1.62	1.55	1.13	1.02	1.12	1.30	1.23
美国	0.63	0.71	0.76	1.00	0.65	0.79	1.02	1.05	1.04	1.01	0.64	0.61	0.70	0.84	0.81
墨西哥	0.48	0.50	0.53	0.56	0.57	0.68	0.76	0.80	0.92	0.99	0.89	0.75	0.89	0.98	··
挪威	1.53	1.60	1.77	2.17	1.70	1.95	2.27	2.27	2.24	2.08	1.52	1.39	1.63	1.83	1.69
葡萄牙	1.16	1.31	1.48	1.85	1.39	1.53	1.91	1.86	1.84	1.73	1.32	1.25	1.40	1.59	1.52
日本	0.91	0.97	1.01	1.36	1.11	1.29	1.58	1.59	1.39	1.34	0.97	0.94	1.00	1.16	1.16
瑞典	1.39	1.51	1.63	2.03	1.51	1.73	2.16	2.17	2.23	2.10	1.58	1.55	1.66	1.79	1.65
瑞士	1.32	1.39	1.47	1.87	1.47	1.65	2.10	2.06	2.04	1.99	1.61	1.47	1.61	1.78	1.75
斯洛伐克	1.21	1.34	1.53	1.95	1.54	1.50	1.87	1.86	1.87	1.80	1.27	1.17	1.29	1.49	1.39
斯洛文尼亚	1.13	1.21	1.33	1.65	1.40	1.52	1.73	1.75	1.83	1.79	1.30	1.19	1.33	1.51	1.40
土耳其	1.46	1.56	1.77	2.21	1.68	2.04	2.20	2.24	2.29	2.00	1.42	1.28	1.29	1.20	1.13
西班牙	1.11	1.19	1.31	1.65	1.27	1.42	1.77	1.75	1.80	1.73	1.24	1.12	1.24	1.42	1.37
希腊	1.09	1.20	1.35	1.76	1.34	1.63	2.03	1.94	1.83	1.76	1.28	1.18	1.42	1.62	1.53
新西兰	0.64	0.74	0.77	1.02	0.64	0.86	1.17	1.22	1.21	1.17	0.80	0.70	0.84	0.99	0.96

续表

国家	2005 年	2006 年	2007 年	2008 年	2009 年	2010 年	2011 年	2012 年	2013 年	2014 年	2015 年	2016 年	2017 年	2018 年	2019 年
匈牙利	1.27	1.29	1.44	1.79	1.33	1.55	1.89	1.93	1.90	1.79	1.28	1.18	1.30	1.47	1.37
以色列	1.01	1.13	1.32	1.93	1.56	1.77	2.13	2.05	2.07	2.08	1.64	1.51	1.69	1.87	1.86
意大利	1.38	1.46	1.59	1.96	1.50	1.61	2.01	2.19	2.20	2.14	1.56	1.42	1.56	1.76	1.66
英国	1.65	1.75	1.94	2.15	1.62	1.84	2.22	2.25	2.20	2.20	1.75	1.49	1.54	1.73	1.67
智利	0.71	0.84	0.88	1.14	0.76	0.95	1.20	1.25	1.24	1.17	0.78	0.64	0.75	0.91	0.84
中国	0.45	0.56	0.64	0.83	0.85	0.97	1.15	1.18	1.18	1.15	0.90	0.78	0.88	0.99	0.93

资料来源：《Energy Prices and Taxes, 2nd Quarter 2020》, IEA。

注　价格为含税价格；.. 表示数据不可用。

2. 天然气价格

附表 3 - 7　　2005—2019 年部分国家工业用天然气价格　　美元/(MW·h)

国家	2005 年	2006 年	2007 年	2008 年	2009 年	2010 年	2011 年	2012 年	2013 年	2014 年	2015 年	2016 年	2017 年	2018 年	2019 年
奥地利	..	..	..	..	..	..	..	42.0	41.5	39.0	42.6	39.2	34.8	37.6	39.2
比利时	..	..	..	42.3	36.4	34.3	39.4	41.1	42.8	33.5	33.1	27.6	27.5	31.7	..
加拿大	23.4	20.4	15.4	24.9	13.1	10.9	11.7	9.2	10.9	13.6	10.0	14.1	..	15.5	10.0
捷克	25.8	33.4	29.2	38.6	37.0	37.2	38.4	40.8	39.6	38.0	35.5	31.7	29.6	32.3	39.6
丹麦	..	..	30.8	36.2	29.5	38.6	45.0	44.7	47.5	39.8	37.6	30.7	34.9	41.8	41.3
爱沙尼亚	..	..	..	29.8	27.4	31.0	32.1	40.0	40.0	40.3	34.2	26.5	30.7	36.9	..
芬兰	17.7	23.0	22.7	29.6	27.9	30.9	42.9	47.2	47.2	45.4	42.0	40.3	46.2	53.7	62.1
法国	25.8	31.8	34.8	40.5	39.3	38.7	41.9	45.9	46.8	44.5	42.8	37.1	39.3	43.6	..
德国	31.1	40.5	40.8	44.1	38.8	38.4	40.7	39.1	42.4	37.9	34.7	29.9	26.9	30.8	..

续表

国家	2005年	2006年	2007年	2008年	2009年	2010年	2011年	2012年	2013年	2014年	2015年	2016年	2017年	2018年	2019年
希腊	24.4	..	31.2	42.7	30.8	37.9	45.4	58.6	51.8	48.0	37.5	28.5	..	..	..
匈牙利	21.6	29.7	33.6	40.7	38.7	27.8	31.9	39.2	37.2	43.4	34.8	29.0	26.1	31.5	37.2
爱尔兰	29.2	36.0	..	40.9	33.7	31.6	35.6	40.0	43.9	41.3	36.5	34.8	36.2	41.8	45.1
意大利	27.5	35.1	34.8	42.9	38.9	35.4	39.9	48.0	47.9	43.2	42.4	37.3	..	39.5	..
日本	33.9	38.8	41.0	..	40.6	42.7	50.0	54.8	62.7	68.2	51.5	36.9	..	..	..
韩国	32.3	38.6	42.9	45.5	49.9	49.2	57.8	61.2	64.2	67.4	49.8	42.0	43.7	43.3	..
卢森堡	..	..	..	24.3	32.5	35.8	40.6	43.5	45.5	38.1	43.1	31.5	28.9	33.1	..
荷兰	..	..	32.2	35.5	34.4	29.3	31.2	33.9	35.5	34.8	32.2	27.8	27.2	30.3	..
新西兰	18.0	20.4	21.8	21.2	23.5	20.5	19.5	20.0	20.5	19.0	18.0	15.7	17.9	18.5	..
波兰	16.5	20.8	23.6	29.2	30.7	31.2	33.3	37.8	35.4	36.6	31.8	24.6	25.3	30.1	31.4
葡萄牙	26.6	30.8	32.4	36.3	34.6	34.3	40.6	46.2	47.3	49.1	44.8	34.7	31.0	33.6	36.6
斯洛伐克	28.7	36.2	33.4	42.8	36.1	39.1	40.7	46.1	41.9	37.5	36.9	34.5	32.5	34.4	36.6
斯洛文尼亚	..	..	..	43.5	39.9	43.9	47.3	56.5	49.2	44.0	38.6	32.8	31.2	35.2	42.2
西班牙	19.8	27.4	26.9	32.3	30.3	28.6	30.6	38.6	38.9	37.8	33.8	26.9	26.9	30.2	37.2
瑞典	..	..	40.7	50.8	43.8	47.2	51.4	50.1	48.6	44.1	43.8	38.5	40.8	50.1	..
瑞士	43.8	53.3	60.4	70.5	66.8	60.3	65.3	68.2	68.0	68.3	64.2	61.9	60.6	73.5	71.9
土耳其	9.6	11.9	13.5	17.5	17.1	14.4	15.5	20.2	22.8	23.2	24.3	23.7	22.0	23.7	28.7
英国	18.2	23.1	18.4	26.9	25.1	23.6	28.5	31.2	34.5	31.3	28.0	23.8	25.2	30.4	..
美国	28.0	26.0	25.3	31.9	17.6	17.8	16.9	12.8	15.3	18.3	12.9	11.6	13.7	13.9	..
中国	28.1	27.5	29.4	33.5	35.8	37.6	41.0	42.3	44.2	48.5	51.9	47.1	46.2	48.5	50.6

资料来源:《World Energy Prices, 2nd Quarter 2020》, IEA。

美元/(MW·h)

附表 3 - 8　　2005—2019 年部分国家居民用天然气价格

国家	2005年	2006年	2007年	2008年	2009年	2010年	2011年	2012年	2013年	2014年	2015年	2016年	2017年	2018年	2019年
奥地利	56.9	60.7	66.3	67.9	72.7	67.9	74.8	82.7	84.2	82.3	79.9	76.1	78.5	82.6	76.0
比利时	..	..	..	74.4	63.6	64.2	77.5	80.9	75.5	74.7	70.5	61.9	61.4	..	..
加拿大	33.8	36.2	34.4	35.7	30.1	29.4	28.3	26.5	26.8	29.9	26.4	27.4	..	31.9	26.0
捷克	37.8	45.2	43.1	53.3	57.1	56.0	62.7	73.2	70.2	68.4	70.5	67.1	65.5	69.9	69.0
丹麦	97.8	..	95.9	109.4	93.2	108.2	116.1	109.1	111.2	100.8	88.5	82.2	94.7	105.8	..
爱沙尼亚	..	..	..	40.2	42.7	43.8	48.8	57.7	56.3	54.6	46.8	36.7	46.3	..	..
法国	46.1	54.6	59.7	63.4	65.7	63.2	70.5	76.9	81.3	85.5	84.4	78.5	80.4	89.7	..
德国	60.2	71.3	73.4	80.1	78.7	71.7	75.1	79.2	80.3	80.5	79.6	77.4	74.8	77.1	76.0
希腊	46.9	..	70.8	80.5	72.7	79.4	87.6	121.1	128.7	118.8	114.5	102.0	..	..	..
匈牙利	15.3	19.7	35.4	40.5	45.4	42.0	46.6	49.5	46.9	41.5	40.6	40.1	40.8	41.6	38.7
爱尔兰	51.3	70.8	77.8	68.6	71.0	62.9	65.3	76.1	82.4	85.6	81.8	81.4	78.3	88.0	84.8
意大利	64.3	72.4	71.9	76.4	73.9	80.2	86.6	93.8	99.0	97.0	93.2	88.3	..	93.4	..
日本	105.1	110.5	111.7	..	113.0	111.2	117.7	120.7	127.1	135.0	122.3	105.1	..	..	..
韩国	42.6	48.8	54.0	54.4	58.6	59.1	68.1	72.3	76.4	80.1	63.7	56.5	58.2	57.7	56.6
卢森堡	37.3	43.2	..	56.9	49.8	49.2	60.0	65.4	67.0	58.8	54.7	48.9	45.7	50.8	..
荷兰	62.5	69.5	73.0	82.2	81.1	73.3	78.5	86.6	88.0	87.2	83.4	84.9	85.2	95.1	103.8
新西兰	72.0	72.0	89.4	101.5	83.2	84.9	93.3	94.5	96.9	94.2	94.4	98.4	90.9	99.5	..
波兰	32.6	39.1	43.3	51.2	56.9	53.0	57.0	60.8	56.9	60.6	59.5	52.5	50.7	60.6	..
葡萄牙	75.2	78.7	74.6	70.7	67.6	69.0	76.0	89.7	99.8	117.2	110.4	97.4	88.6	91.0	..
斯洛伐克	41.8	52.8	52.2	54.0	54.4	51.5	55.8	60.0	60.0	60.1	59.0	53.2	50.8	56.1	54.5
斯洛文尼亚	..	..	..	70.3	70.4	70.5	80.1	86.4	77.6	75.2	70.7	65.5	60.7	65.3	63.5

续表

国家	2005 年	2006 年	2007 年	2008 年	2009 年	2010 年	2011 年	2012 年	2013 年	2014 年	2015 年	2016 年	2017 年	2018 年	2019 年
西班牙	53.4	58.5	61.4	68.1	64.6	62.9	72.3	89.4	94.9	101.0	99.9	90.4	93.7	96.7	100.7
瑞典	..	..	98.7	109.5	112.6	115.2	124.1	124.2	124.0	123.5	126.1	125.8	131.7	140.2	..
瑞士	73.0	83.7	92.2	103.4	97.3	92.5	96.8	101.6	102.0	104.6	98.2	97.7	94.8	100.7	103.0
土耳其	11.4	14.0	15.9	20.2	20.7	18.6	19.4	24.7	27.5	28.5	30.4	30.8	30.0	25.7	26.5
英国	25.6	27.5	35.5	36.3	43.2	48.8	47.2	54.1	58.6	62.2	65.9	62.1	56.2	55.6	55.9
美国	35.5	42.3	45.4	43.1	45.9	40.0	37.0	36.4	35.3	34.0	36.1	34.2	33.2	36.1	35.2
中国	29.2	29.2	29.2	30.1	31.0	32.5	33.6	34.8	36.2	35.4	35.6	35.8	35.7	36.4	46.4

资料来源：《World Energy Prices, 2nd Quarter 2020》, IEA。

附表 3 - 9   2010—2019 年俄罗斯出口天然气价格   美元/(10³ m³)

日期	价格	日期	价格	日期	价格	日期	价格	日期	价格
2010 - 01	261.8	2010 - 11	287.6	2011 - 09	371.9	2012 - 07	346.7	2013 - 05	350.3
2010 - 02	276.1	2010 - 12	285.3	2011 - 10	401.9	2012 - 08	349.4	2013 - 06	345.7
2010 - 03	262.9	2011 - 01	295.7	2011 - 11	414.7	2012 - 09	357.0	2013 - 07	344.0
2010 - 04	260.9	2011 - 02	295.8	2011 - 12	404.8	2012 - 10	355.0	2013 - 08	342.7
2010 - 05	254.4	2011 - 03	299.1	2012 - 01	352.7	2012 - 11	353.0	2013 - 09	324.1
2010 - 06	255.3	2011 - 04	341.7	2012 - 02	359.4	2012 - 12	359.1	2013 - 10	331.7
2010 - 07	272.2	2011 - 05	353.8	2012 - 03	340.9	2013 - 01	353.4	2013 - 11	344.7
2010 - 08	273.0	2011 - 06	337.0	2012 - 04	352.8	2013 - 02	340.6	2013 - 12	347.7
2010 - 09	281.1	2011 - 07	372.8	2012 - 05	369.7	2013 - 03	341.1	2014 - 01	335.7
2010 - 10	282.0	2011 - 08	367.2	2012 - 06	348.4	2013 - 04	337.1	2014 - 02	332.8

续表

日期	价格	日期	价格	日期	价格	日期	价格	日期	价格
2014 - 03	327.7	2015 - 05	228.4	2016 - 07	150.4	2017 - 09	186.5	2018 - 11	251.2
2014 - 04	357.4	2015 - 06	229.4	2016 - 08	152.2	2017 - 10	192.1	2018 - 12	246.9
2014 - 05	348.1	2015 - 07	222.8	2016 - 09	146.2	2017 - 11	194.0	2019 - 01	243.5
2014 - 06	327.3	2015 - 08	222.0	2016 - 10	154.5	2017 - 12	201.6	2019 - 02	233.5
2014 - 07	294.2	2015 - 09	225.0	2016 - 11	165.3	2018 - 01	198.4	2019 - 03	201.6
2014 - 08	291.8	2015 - 10	204.8	2016 - 12	163.3	2018 - 02	204.2	2019 - 04	195.1
2014 - 09	294.4	2015 - 11	193.3	2017 - 01	167.3	2018 - 03	212.6	2019 - 05	184.2
2014 - 10	291.0	2015 - 12	189.4	2017 - 02	172.8	2018 - 04	206.2	2019 - 06	171.5
2014 - 11	290.5	2016 - 01	173.4	2017 - 03	171.1	2018 - 05	210.8	2019 - 07	162.7
2014 - 12	291.2	2016 - 02	161.0	2017 - 04	173.6	2018 - 06	212.8	2019 - 08	162.0
2015 - 01	276.3	2016 - 03	163.6	2017 - 05	174.9	2018 - 07	220.4	2019 - 09	163.4
2015 - 02	260.6	2016 - 04	150.2	2017 - 06	176.8	2018 - 08	222.2	2019 - 10	159.7
2015 - 03	258.2	2016 - 05	144.4	2017 - 07	175.8	2018 - 09	233.4	2019 - 11	178.9
2015 - 04	228.8	2016 - 06	148.8	2017 - 08	179.0	2018 - 10	260.8	2019 - 12	185.9

资料来源：Wind 数据库。

附表 3 - 10　2016—2019 年日本进口 LNG 价格

美元/MMBtu

日期	价格	日期	价格	日期	价格	日期	价格
2016 - 01	7.85	2016 - 04	6.38	2016 - 07	6.32	2016 - 10	7.15
2016 - 02	8.01	2016 - 05	5.86	2016 - 08	6.67	2016 - 11	7.07
2016 - 03	7.23	2016 - 06	5.99	2016 - 09	7.04	2016 - 12	7.10

续表

日期	价格	日期	价格	日期	价格	日期	价格
2017-01	7.52	2017-10	7.77	2018-07	10.44	2019-04	10.27
2017-02	7.85	2017-11	7.90	2018-08	10.88	2019-05	10.15
2017-03	7.70	2017-12	8.08	2018-09	11.30	2019-06	10.04
2017-04	8.20	2018-01	9.34	2018-10	11.66	2019-07	10.13
2017-05	8.50	2018-02	9.83	2018-11	11.70	2019-08	10.86
2017-06	8.30	2018-03	10.11	2018-12	12.00	2019-09	10.14
2017-07	8.29	2018-04	10.09	2019-01	12.01	2019-10	9.98
2017-08	8.34	2018-05	10.25	2019-02	11.81	2019-11	10.04
2017-09	8.07	2018-06	10.44	2019-03	11.29	2019-12	10.06

资料来源：https://ycharts.com/indicators/japan_liquefied_natural_gas_import_price。

附表 3-11　2014—2019 年美国进口天然气价格

美元/mcf

日期	天然气	进口管道天然气	进口 LNG	日期	天然气	进口管道天然气	进口 LNG
2014-01	7.15	6.94	7.13	2014-08	3.87	3.80	6.56
2014-02	9.11	8.91	10.99	2014-09	4.24	3.85	8.73
2014-03	8.12	8.02	8.47	2014-10	3.87	3.69	4.63
2014-04	5.11	4.66	17.34	2014-11	3.97	3.97	..
2014-05	4.60	4.50	5.99	2014-12	4.44	4.10	7.45
2014-06	5.32	4.52	10.48	2015-01	4.75	10.90	4.01
2014-07	4.77	4.16	11.80	2015-02	5.46	9.13	4.82

日期	天然气	进口管道天然气	进口 LNG
2015-03	3.90	8.10	3.16
2015-04	2.59	8.31	2.39
2015-05	2.52	6.04	2.44
2015-06	2.56	6.29	2.43
2015-07	2.66	4.53	2.44
2015-08	2.74	3.45	2.51
2015-09	2.75	6.03	2.49

续表

日期	天然气	进口管道天然气	进口LNG	日期	天然气	进口管道天然气	进口LNG	日期	天然气	进口管道天然气	进口LNG
2015-10	3.23	12.38	2.37	2017-03	2.68	4.35	2.57	2018-08	2.22	2.1	3.72
2015-11	2.40	4.20	2.19	2017-04	2.64	3.74	2.53	2018-09	2.09	1.97	5.02
2015-12	2.28	4.02	2.13	2017-05	2.70	3.86	2.59	2018-10	2.61	2.34	5.90
2016-01	2.80	5.48	2.42	2017-06	2.62	3.58	2.51	2018-11	4.10	3.87	10.7
2016-02	2.43	5.12	2.12	2017-07	2.40	3.44	2.31	2018-12	4.89	4.14	8.64
2016-03	1.73	3.29	1.55	2017-08	2.38	3.34	2.24	2019-01	4.30	3.55	9.36
2016-04	1.61	3.30	1.51	2017-09	2.12	4.08	2.05	2019-02	4.06	3.60	8.97
2016-05	1.55	3.45	1.44	2017-10	2.05	4.41	1.98	2019-03	3.79	3.63	7.7
2016-06	1.90	3.18	1.76	2017-11	2.52	3.59	2.40	2019-04	2.14	1.97	7.32
2016-07	2.35	3.21	2.26	2017-12	3.26	5.55	2.94	2019-05	1.81	1.81	7.66
2016-08	2.42	3.23	2.29	2018-01	4.41	3.79	7.51	2019-06	1.54	1.54	8.44
2016-09	2.47	3.25	2.42	2018-02	3.02	2.75	5.95	2019-07	1.86	1.72	6.73
2016-10	2.59	3.10	2.50	2018-03	2.45	2.16	7.07	2019-08	1.73	1.63	4.57
2016-11	2.70	4.95	2.41	2018-04	2.20	2.11	4.57	2019-09	1.65	1.65	0.00
2016-12	3.50	4.63	3.31	2018-05	1.73	1.64	4.61	2019-10	2.15	1.96	4.65
2017-01	3.75	5.56	3.41	2018-06	1.87	1.77	4.62	2019-11	2.80	2.66	7.12
2017-02	3.14	6.39	2.81	2018-07	2.16	2.04	3.72	2019-12	4.30	3.55	9.36

资料来源：https://www.eia.gov/，EIA。

3. 煤炭价格

附表 3-12 秦皇岛港动力煤年度现货平仓价数据

元/t

项目	2005年	2006年	2007年	2008年	2009年	2010年	2011年	2012年	2013年	2014年	2015年	2016年	2017年	2018年	2019年
山西优混(Q5500K)	425.6	427.0	467.4	723.9	600.4	745.6	818.9	707.3	587.5	517.7	414.0	469.0	635.3	648.2	587.2
山西大混(Q5000K)		387.5	421.1	637.4	521.1	647.0	715.8	610.6	509.0	453.2	362.4	421.4	561.0	571.4	508.5
普通混煤(Q4500K)		344.0	373.8	556.4	451.1	574.3	620.3	512.6	426.8	399.0	321.5	377.3	511.6	506.9	449.6

资料来源：Wind 数据库。

附表 3-13 国外动力煤年度现货价数据

美元/t

项目	2010年	2011年	2012年	2013年	2014年	2015年	2016年	2017年	2018年	2019年
欧洲 ARA 港动力煤	92.32	121.87	94.47	82.80	75.54	76.78	60.43	84.81	92.13	60.22
理查德 RB 动力煤	91.82	116.28	95.55	81.79	72.28	57.06	64.53	85.20	98.49	71.52
纽卡斯尔 NEWC 动力煤	99.21	121.24	101.02	84.42	70.79	58.94	66.09	88.58	107.28	77.74

资料来源：Wind 数据库。

附表 3-14 国外工业用煤炭价格数据

美元/t

国家	2005年	2006年	2007年	2008年	2009年	2010年	2011年	2012年	2013年	2014年	2015年	2016年	2017年	2018年	2019年
奥地利	175.9	178.5	197.2	245.6	239.8	205.5	242.8	247.9	256	223.5	169.7	166.7	217.3	177.9	209.7
芬兰	127.6	130.4	143.9	216.7	167.2	168.6	315.1	280.8	271.1	272.1	245.8	269.7	315.0	346.7	311.9
日本	64.7	65.1	72.2	133.4	121.7	120.9	153.9	150.5	126.2	114.9	96.5	91.9	120.5	129.8	121.2
波兰	61.3	65.0	..	105.3	94.4	96.4	109.5	109.4	100.4	93.0	70.1	60.0	75.8	92.3	83.5

续表

国家	2005 年	2006 年	2007 年	2008 年	2009 年	2010 年	2011 年	2012 年	2013 年	2014 年	2015 年	2016 年	2017 年	2018 年	2019 年
瑞士	94.3	95.4	129.6	216.4	137.9	155.4	200.6	152.5	123.5	112.3	98.8	90.9	98.5	117.1	96.6
土耳其	47.8	48.6	69.8	92.6	84.4	83.7	86.4	98	104.9	90.7	80.8	78.0	70.2	77.5	75.8
英国	89.3	89.0	..	104.0	99.6	117.3	149.5	148.6	158.4	158.7	139.2	100.7	102.5	125.8	122.4
美国	52.1	52.1	59.8	70.0	71.5	70.5	71.8	81.4	79.4	79.4	75.2	71.6	70.3	69.8	68.4

资料来源：《Energy Prices and Taxes, 2nd Quarter 2020》, IEA。

附表 3 - 15　国内外发电用煤炭价格数据

美元/t

国家	2005 年	2006 年	2007 年	2008 年	2009 年	2010 年	2011 年	2012 年	2013 年	2014 年	2015 年	2016 年	2017 年	2018 年	2019 年
奥地利	87.5	92.7	96.2	124.1	133.5	109.1	127.9	129.1	133.4	137.7	92.2	99.2	103.1	99.5	91.8
智利		57.4	69.8	116.7	95.4	83.6	106.9	96.3	89.8	84.0	72.0	70.0	88.5	98.2	75.9
芬兰	72.1	74.3	83.7	143.5	97.1	101.7	137	116.1	94.9	96.1	74.5	71.8	99.6	106	85.6
德国	79.7	78.0	90.3	152.6	110.1	117.8	153.1	126.4	108.9	100.3	82.7	79.7	120.2	132.1	112.5
墨西哥	41.0	42.3	45.9	52.4	51.1	54.6	56.1	56.9	60.9	63.1	56.7	51.0	55.6	54.5	54.3
波兰	47.5	51.4	57.7	78.9	80.4	78.5	84.9	83.1	77.7	74.9	59.4	51.3	53.4	66.7	69.2
土耳其	25.2	24.8	27.7	32.2	32.1	36.4	37.4	38.8	44.5	43.5	31.9	28.5	26.2	21.8	24.0
英国	65.6	70.1	82.3	..	84.9	96.2	128.5	105.1	96.2	91.3	74.9	73.4	95.2	102.5	77.4
美国	35.3	38.8	40.6	47.0	50.5	51.8	54.7	54.5	53.7	53.7	50.9	48.4	47.5	47.2	46.3
葡萄牙	67.7	58.3	76.3	141.5	81.4	88.3	113.3	90.2	78.2	72.1	56.0	54.9	85.2	93.7	61.9
中国					90.5	108.5	131.8	128.5	116.3	101.3	81.6	81.1	107.0	112.4	100.2

资料来源：《Energy Prices and Taxes, 2nd Quarter 2020》, IEA; 中国由煤炭价格协会基础数据整理。

4. 电力价格

附表 3-16　　上网电价　　本币元/(kW·h)

国家	地区(公司)	2007年	2008年	2009年	2010年	2011年	2012年	2013年	2014年	2015年	2016年	2017年	2018年	2019年
北欧电力市场现货价格		0.028	0.045	0.035	0.053	0.047	0.031	0.038	0.030	0.021	0.027	0.029	0.044	0.039
瑞典		0.030	0.051	0.037	0.057	—	0.033	0.039	0.032	0.022	0.029	0.031	0.454	0.039
芬兰		0.030	0.051	0.037	0.057	0.049	0.037	0.041	0.036	0.030	0.032	0.033	0.047	0.044
丹麦	西部地区	0.032	0.056	0.036	0.046	0.048	0.036	0.039	0.031	0.023	0.024	0.030	0.328	0.038
	东部地区	0.033	0.057	0.040	0.057	0.049	0.038	0.04	0.032	0.024	0.029	0.032	0.344	0.040
挪威	奥斯陆	0.026	0.039	0.034	0.054	0.046	0.030	0.038	0.027	0.020	0.026	0.029	0.419	0.039
	卑尔根		0.051	0.036	0.052	0.046	0.029	0.038	0.027	0.020	0.025	0.029	0.413	0.039
	莫尔德 & 特隆赫姆	0.029	0.050	0.036	0.058	0.047	0.031	0.039	0.032	0.021	0.029	0.030	0.423	0.039
	特罗姆瑟	0.030	0.050	0.036	0.057	0.047	0.031	0.039	0.031	0.020	0.029	0.026	0.420	0.038
澳大利亚	新南威尔士	0.042	0.039	0.044	0.037	0.030	0.055	0.055	0.052	0.035	0.052	0.081	0.082	0.089
	昆士兰	0.052	0.034	0.033	0.031	0.029	0.067	0.067	0.058	0.053	0.060	0.093	0.073	0.080
	南澳	0.074	0.051	0.055	0.033	0.030	0.070	0.070	0.062	0.039	0.062	0.109	0.098	0.110
	塔斯马尼亚	0.055	0.058	0.029	0.029	0.033	0.048	0.048	0.042	0.037	0.103	0.075	0.087	0.090
	维多利亚	0.047	0.042	0.036	0.027	0.027	0.057	0.057	0.051	0.030	0.046	0.067	0.092	0.110
	澳大利亚平均	0.048	0.040	0.040	0.031	0.030	0.060	0.060	0.053	0.039	0.064	0.085	0.087	0.096
美国		0.070	0.090	0.081	0.077	0.072	0.065	0.065	0.072	0.065	0.065	0.063	0.064	0.061
中国		0.351	0.365	0.382	0.385	0.397	0.419	0.427	0.419	0.401	0.371	0.376	0.381	0.367
韩国		58.73	71.91	68.58	75.83	82.54	93.75	91.60	93.70	85.92	83.02	87.32	95.67	95.30

附表 3 - 17　　输　配　电　价　　　　本币元/(kW·h)

国家	2005年	2006年	2007年	2008年	2009年	2010年	2011年	2012年	2013年	2014年	2015年	2016年	2017年	2018年	2019年
美国	0.030	0.032	0.030	0.031	0.034	0.035	0.034	0.036	0.037	0.037	0.039	0.040	0.043	0.042	0.043
中国	0.123	0.136	0.145	0.132	0.125	0.147	0.160	0.172	0.193	0.208	0.218	0.219	0.216	0.205	0.195

附表 3 - 18　　平 均 销 售 电 价　　　　本币元/(kW·h)

国家	2005年	2006年	2007年	2008年	2009年	2010年	2011年	2012年	2013年	2014年	2015年	2016年	2017年	2018年	2019年
美国	0.081	0.089	0.091	0.097	0.098	0.098	0.099	0.098	0.101	0.104	0.104	0.103	0.105	0.105	0.106
中国	0.485	0.497	0.508	0.523	0.531	0.571	0.583	0.617	0.671	0.686	0.683	0.661	0.646	0.629	0.609

附表 3 - 19　　工 业 电 价　　　　美元/(kW·h)

国家（地区）	2005年	2006年	2007年	2008年	2009年	2010年	2011年	2012年	2013年	2014年	2015年	2016年	2017年	2018年	2019年
奥地利	0.102	0.109	0.134	0.154	—	—	—	0.138	0.141	0.135	0.109	0.106	0.103	0.110	0.110
比利时	—	—	—	0.139	0.139	0.125	0.138	0.127	0.152	0.151	0.125	0.131	0.136	0.137	0.135
加拿大	0.055	0.060	0.065	0.071	0.061	0.073	0.081	0.088	0.097	0.080	0.064	0.079	0.084	0.084	0.090
智利	0.077	0.090	0.114	0.171	0.158	0.152	0.154	0.127	0.118	0.104	0.115	0.125	0.140	0.159	0.160
捷克	0.081	0.094	0.115	0.151	0.148	0.144	0.160	0.145	0.149	0.123	0.098	0.089	0.089	0.096	0.104
丹麦	0.093	0.097	0.101	0.130	0.111	0.114	0.118	0.111	0.128	0.121	0.096	0.098	0.092	0.093	0.080
爱沙尼亚	—	—	—	0.080	0.084	0.093	0.101	0.101	0.125	0.118	0.098	0.095	0.094	0.103	0.100
芬兰	0.070	—	0.081	0.097	0.097	0.095	0.114	0.104	0.095	0.093	0.075	0.073	0.073	0.079	0.075
法国	0.050	0.051	0.092	0.105	0.107	0.107	0.122	0.116	0.129	0.132	0.114	0.106	0.111	0.116	0.118
德国	0.084	0.094	0.109	0.129	0.140	0.136	0.157	0.149	0.169	0.175	0.145	0.141	0.143	0.145	0.146
希腊	0.067	—	—	0.112	0.114	0.114	0.126	0.134	0.142	0.143	0.105	0.099	0.107	0.104	0.097
匈牙利	0.096	0.105	0.134	0.170	0.160	0.133	0.137	0.132	0.133	0.123	0.100	0.090	0.089	0.094	0.088

续表

国家(地区)	2005年	2006年	2007年	2008年	2009年	2010年	2011年	2012年	2013年	2014年	2015年	2016年	2017年	2018年	2019年
爱尔兰	0.099	0.122	0.149	0.186	0.169	0.137	0.152	0.155	0.173	0.166	0.132	0.118	0.124	0.129	0.129
以色列	0.080	0.078	0.082	0.112	0.097	0.087	0.097	0.108	0.121	0.118	0.091	0.085	0.094	—	—
意大利	0.174	0.210	0.237	0.290	0.276	0.258	0.279	0.292	0.238	0.236	0.188	0.185	0.177	0.161	0.185
日本	0.123	0.117	0.116	0.139	0.158	0.154	0.179	0.194	0.183	0.188	0.150	0.151	0.150	0.161	—
韩国	0.059	0.065	0.070	0.060	0.058	0.066	0.074	0.077	0.095	0.105	0.098	0.096	0.099	0.084	0.095
卢森堡	—	—	—	0.123	0.136	0.116	0.118	0.112	0.107	0.099	0.072	0.069	0.077	0.089	0.082
墨西哥	0.088	0.099	0.102	0.126	0.086	0.104	0.115	0.115	0.122	0.121	0.082	0.070	0.089	0.089	—
荷兰	—	—	0.121	0.133	0.139	0.116	0.118	0.110	0.113	0.118	0.089	0.085	0.086	0.110	0.097
新西兰	0.061	0.060	0.068	0.071	0.065	0.072	0.085	0.084	0.094	0.100	0.080	0.075	0.087	0.099	—
挪威	0.043	0.055	0.048	0.064	0.059	0.074	0.071	0.058	0.069	0.055	0.035	0.042	0.046	0.068	—
波兰	0.070	0.073	0.083	0.119	0.120	0.120	0.122	0.115	0.109	0.100	0.090	0.083	0.088	0.096	0.099
葡萄牙	0.098	0.110	0.129	0.131	0.127	0.120	0.139	0.147	0.152	0.156	0.127	0.125	0.123	0.135	0.128
斯洛伐克	0.086	0.098	0.137	0.174	0.195	0.169	0.178	0.170	0.181	0.159	0.130	0.125	0.129	0.141	0.147
斯洛文尼亚	—	—	—	0.130	0.134	0.121	0.126	0.118	0.126	0.115	0.088	0.084	0.082	0.093	0.093
西班牙	0.083	0.091	0.090	0.125	0.103	0.132	0.149	—	0.143	0.155	0.126	0.116	0.116	0.127	0.123
瑞典	—	—	0.076	0.095	0.083	0.096	0.104	0.089	0.090	0.082	0.059	0.060	0.062	0.070	0.070
瑞士	0.081	0.080	0.084	0.094	0.094	0.112	0.132	0.130	0.133	0.129	0.122	0.134	0.124	0.122	0.120
土耳其	0.106	0.100	0.109	0.139	0.138	0.151	0.138	0.148	0.147	0.131	0.112	0.106	0.088	0.084	0.106
英国	0.087	0.117	0.130	0.146	0.134	0.121	0.130	0.134	0.139	0.154	0.145	0.125	0.124	0.139	0.147
美国	0.057	0.062	0.064	0.068	0.068	0.068	0.068	0.067	0.068	0.071	0.069	0.068	0.069	0.069	0.068
中国	0.059	0.065	0.069	0.077	0.081	0.091	0.097	0.106	0.114	0.115	0.112	0.102	0.096	0.095	0.089
南非	0.022	0.022	0.023	0.021	0.026	0.036	0.051	0.051	0.047	0.048	0.045	0.043	0.051	0.053	0.051

附表 3 - 20　　居　民　电　价

美元/(kW·h)

国家（地区）	2005 年	2006 年	2007 年	2008 年	2009 年	2010 年	2011 年	2012 年	2013 年	2014 年	2015 年	2016 年	2017 年	2018 年	2019 年
澳大利亚	—	—	—	—	—	—	—	0.295	0.288	0.283	0.212	0.202	0.237	0.249	0.232
奥地利	0.174	0.174	0.214	0.257	0.256	0.258	0.273	0.254	0.272	0.267	0.221	0.223	0.222	0.230	0.222
比利时	—	—	—	0.266	0.233	0.232	0.264	0.250	0.280	0.262	0.239	0.292	0.320	0.329	0.316
加拿大	0.076	0.083	0.088	0.090	0.083	0.093	0.105	0.105	0.104	0.099	0.093	0.106	0.109	0.113	0.112
智利	0.120	0.136	0.166	0.229	0.213	0.209	0.211	0.185	0.172	0.151	0.158	0.169	0.199	0.197	0.196
捷克	0.106	0.122	0.146	0.192	0.192	0.186	0.211	0.199	0.216	0.181	0.152	0.156	0.163	0.183	0.192
丹麦	0.295	0.322	0.344	0.396	0.365	0.356	0.409	0.383	0.371	0.379	0.315	0.330	0.325	0.441	0.321
爱沙尼亚	—	—	—	0.117	0.124	0.127	0.137	0.139	0.175	0.169	0.139	0.131	0.136	0.159	0.151
芬兰	0.121	0.128	0.145	0.172	0.174	0.175	0.214	0.195	0.202	0.201	0.169	0.169	0.183	0.199	0.206
法国	0.142	0.144	0.156	0.164	0.159	0.165	0.187	0.175	0.195	0.204	0.180	0.182	0.189	0.202	0.199
德国	0.212	0.222	0.263	0.323	0.318	0.319	0.352	0.339	0.388	0.395	0.327	0.329	0.344	0.353	0.334
希腊	0.112	—	—	0.157	0.152	0.158	0.173	0.181	0.216	0.236	0.196	0.190	0.200	0.196	0.185
匈牙利	0.146	0.144	0.188	0.224	0.206	0.219	0.219	0.204	0.182	0.158	0.128	0.126	0.129	0.131	0.122
爱尔兰	0.193	0.200	0.244	0.267	0.255	0.233	0.259	0.270	0.293	0.305	0.252	0.243	0.240	0.257	0.259
以色列	0.119	0.114	0.124	0.156	0.137	0.140	0.149	0.152	0.171	0.176	0.146	0.139	0.154	—	—
意大利	0.198	0.226	0.258	0.305	0.284	0.263	0.279	0.288	0.312	0.324	0.274	0.276	0.263	0.280	0.289
日本	0.189	0.178	0.177	0.206	0.228	0.232	0.261	0.277	0.254	0.253	0.225	0.223	0.226	0.239	—
韩国	0.089	0.098	0.102	0.089	0.077	0.083	0.089	0.093	0.132	0.135	0.124	0.119	0.109	0.110	0.102
卢森堡	0.187	0.183	0.231	0.216	0.236	0.215	0.221	0.209	0.208	0.220	0.188	0.181	0.173	0.191	0.193
墨西哥	0.097	0.101	0.093	0.096	0.080	0.090	0.095	0.090	0.091	0.090	0.075	0.064	0.064	0.063	—

续表

国家(地区)	2005 年	2006 年	2007 年	2008 年	2009 年	2010 年	2011 年	2012 年	2013 年	2014 年	2015 年	2016 年	2017 年	2018 年	2019 年
荷兰	0.236	0.258	0.285	0.243	0.258	0.221	0.238	0.238	0.257	0.252	0.207	0.176	0.171	0.211	0.250
新西兰	0.136	0.133	0.161	0.164	0.151	0.176	0.205	0.213	0.226	0.235	0.197	0.199	0.206	0.201	0.192
挪威	0.122	0.156	0.132	0.151	0.133	0.176	0.171	0.136	0.148	0.127	0.095	0.104	0.113	0.136	—
波兰	0.121	0.132	0.151	0.193	0.168	0.179	0.198	0.191	0.196	0.192	0.164	0.155	0.164	0.172	0.156
葡萄牙	0.180	0.184	0.214	0.220	0.215	0.215	0.246	0.261	0.280	0.292	0.253	0.257	0.254	0.268	0.242
斯洛伐克	0.141	0.156	0.188	0.220	0.231	0.213	0.242	0.230	0.238	0.214	0.171	0.170	0.166	0.180	0.182
斯洛文尼亚	—	—	—	0.168	0.183	0.186	0.202	0.193	0.213	0.213	0.176	0.177	0.178	0.187	0.179
西班牙	0.154	0.165	0.187	0.218	0.212	0.247	0.295	0.288	0.293	0.326	0.212	0.268	0.293	0.312	0.288
瑞典	—	—	0.196	0.218	0.194	0.218	0.248	0.224	0.234	0.214	0.171	0.174	0.178	0.196	0.195
瑞士	0.139	0.133	0.136	0.154	0.164	0.180	0.223	0.204	0.204	0.209	0.206	0.203	0.204	0.212	0.212
土耳其	0.118	0.111	0.122	0.165	0.165	0.184	0.169	0.185	0.190	0.170	0.145	0.133	0.110	0.104	0.106
英国	0.150	0.179	0.204	0.218	0.191	0.183	0.208	0.216	0.230	0.254	0.230	0.199	0.202	0.231	0.219
美国	0.095	0.104	0.107	0.113	0.115	0.116	0.117	0.119	0.121	0.125	0.127	0.125	0.129	0.129	0.130
中国	0.055	0.057	0.061	0.067	0.068	0.070	0.074	0.077	0.090	0.090	0.088	0.079	0.078	0.080	0.077
南非	0.061	0.059	0.059	0.054	0.063	0.086	0.098	0.097	0.090	0.085	0.077	0.073	0.089	0.090	0.087

参 考 文 献

［1］英国石油公司 . BP Statistical Review of World Energy（2020），https：//www. bp. com/.

［2］IEA. Energy Prices and Taxes 2nd Quarter. 2020.

［3］IEA. World Energy Prices 2nd Quarter. 2020.

［4］美国能源信息署 . Electric Power Annual，https：//www. eia. gov/.

［5］欧盟统计局 . Electricity Prices Components for Househould & Non‐Household Con-sumers，https：//ec. europa. eu/eurostat/.

［6］欧盟 . Quarterly Report on European Electricity Markets. https：//ec. europa. eu/en-ergy/.

［7］英国商业、能源及工业策略部 . Quarterly Energy Prices，https：//www. gov. uk/.

［8］Ofgem. State of The Energy Market，https：//www. ofgem. gov. uk/.

［9］Australian Energy Regulator. State of the Energy Market 2020. https：//www. aer. gov. au/.

［10］韩国电力 . KEPCO in Brief. https：//home. kepco. co. kr/.

［11］国家能源局 . 2018 年度全国电力价格情况监管通报 . 2019.

［12］国网能源研究院有限公司 . 国内外能源与电力价格分析报告（2019）. 北京：中国电力出版社，2019.